Ilka Scheidgen

Zu Besuch bei Günter Grass und Herta Müller

Ilka Scheidgen

Zu Besuch bei Günter Grass und Herta Müller

Zwei Nobelpreisträger für Literatur

Bibliografische Information der Deutschen Nationalbibliothek:
Die Deutsche Nationalbibliothek verzeichnet diese Publikation in der Deutschen Nationalbibliografie; detaillierte bibliografische Daten sind im Internet über http://dnb.dnb.de abrufbar.

TWENTYSIX – Der Self-Publishing-Verlag
Eine Kooperation zwischen der Verlagsgruppe Random House und BoD – Books on Demand

© 2016 Ilka Scheidgen
© 2016 Ilka Scheidgen für alle Fotos

Herstellung und Verlag:
BoD – Books on Demand, Norderstedt

ISBN: 978-3-740-71563-2

Einleitung

In seiner „Danziger Trilogie" gestaltete Günter Grass in den Biografien seiner Protagonisten eine als heillos erfahrene Welt, die nur durch das Künstlertum ertragen werden kann. Günter Grass, der seine Frankfurter Poetiklesung 1990 unter das Motto ‚Schreiben nach Auschwitz' stellte, hat sein poetologisches Credo verwirklicht, dass der Schriftsteller die Vergangenheit nicht ruhen lassen und sich als Zeitgenosse nicht verkapseln dürfe, sondern sich den Wechselfällen der Zeit aussetzen, sich einmischen und Partei ergreifen müsse.

Ebenso geht es der Schriftstellerin Herta Müller, die zwanzig Jahre nach Günter Grass im Jahre 2009 mit dem Literaturnobelpreis ausgezeichnet wurde. Auch sie prangert die menschenverachtenden Methoden einer Diktatur in Prosa und Gedichten an. „Meine Überzeugung ist, dass Literatur insgesamt aus Beschädigungen besteht", erzählt sie im Gespräch mit Ilka Scheidgen. Mit beiden

Autoren konnte ich ausführliche Gespräche führen. Dieser Band mit den Porträts des Literaturnobelpreisträgers Günter Grass von 1999 und Herta Müller, der Literaturnobelpreisträgerin von 2009, vermittelt nicht nur einen lebendigen Eindruck zweier wichtiger Schriftsteller der neueren Literatur- und Zeitgeschichte, sondern vergegenwärtigt, warum gute Literatur notwendig ist zum Leben. „Weltweit sind Flüchtlingsströme unterwegs. Hunger begleitet sie. Und kein politischer Wille, gepaart mit wissenschaftlichem Können ist entschlossen, dem wuchernden Elend ein Ende zu setzen... Dieses Thema ist uns geblieben... Davon wird in Zukunft zu erzählen sein. Schließlich muss unser aller Roman fortgesetzt werden."
Dies hatte Günter Grass in seiner Nobelpreisrede 1999 diagnostiziert. Auch im Jahr 2016 sind wir von einer Lösung noch weit entfernt, ist die Lage nicht besser geworden. Bleibt zu hoffen, dass zumindest die Mahner nicht müde werden, ob laut oder leise.

Günter Grass

Der Schriftsteller, Bildhauer, Maler und Grafiker Günter Grass wurde am 16. Oktober 1927 in Danzig geboren, wo er als Sohn eines Kolonialwarenhändlers seine Kindheit und Jugend verbrachte. Er war Luftwaffenhelfer, bevor er 17-jährig zur SS-Panzer-Division einberufen wurde. Diese Tatsache, die erst 2006 mit Erscheinen seiner Autobiografie „Beim Häuten der Zwiebel" einer breiten Öffentlichkeit bekannt wurde, führte zu heftigen Diskussionen. Bei Kriegsende geriet Grass in amerikanische Kriegsgefangenschaft.

Von 1948 bis 1952 studierte Grass an der Kunstakademie Düsseldorf Bildhauerei und Grafik und von 1953 bis 1956 an der Hochschule für Bildende Kunst in Berlin.

1954 heiratete er in erster Ehe die Balletttänzerin Anna Schwarz; mit der er fünf Kinder hat. Von 1956 bis 1960 lebte er in Paris. Dort schrieb er seinen epochalen Roman „Die Blechtrommel", der mit seinem Erscheinen 1959 den Ruhm von Günter Grass als einem der bedeutendsten deutschen Schriftsteller der Gegenwart begründete. 1979 heiratete er in zweiter Ehe Ute Grunert.

Neben seiner schriftstellerischen und künstlerischen Arbeit engagierte sich Günter Grass stark in der Politik durch öffentliche Stellungnahmen und im Wahlkampf für die SPD.

Günter Grass hat eine Vielzahl an wichtigen Preisen für sein literarisches Werk erhalten, darunter 1965 den Büchnerpreis, 1968 den Fontane-Preis, 1995 den Thomas-Mann-Preis der Stadt Lübeck und 1999 den Literaturnobelpreis. Er wurde mit der Ehrendoktorwürde der Universitäten Danzig und Berlin ausgezeichnet.

Günter Grass gründete 1997 die Otto-Pankok-Stiftung zu Gunsten der Sinti und Roma.

Am 13. April 2015 ist Günter Grass in Lübeck gestorben.

Mein Besuch bei Günter Grass

Es ist ein klarer sonniger Tag Ende November, als ich in den hohen Norden Deutschlands, nach Lübeck, aufbreche. Dort kann ich mich im ‚Günter Grass-Haus' gut auf das Gespräch mit seinem Namensgeber einstimmen. 2002 wurde dieses Haus von der Kulturstiftung der Hansestadt Lübeck als „Forum für Literatur und bildende Kunst" im Herzen der Altstadt eröffnet. Die Stadt ist stolz darauf, dass sie, mit diesem Haus und dem ‚Buddenbrookhaus' das Werk zweier Nobelpreisträger vorweisen kann.
Im Günter Grass-Haus kann man sich von der Vielfalt der künstlerischen Ausdrucksmittel im Werk von Günter Grass überzeugen: Aquarelle, Federzeichnungen, Radierungen, Kohle- und Tuschzeichnungen, Bronzen, Terrakotten und Lithographien. Günter Grass hat ja zunächst als bildender Künstler begonnen.

Darüber hinaus erhält man hier Einblicke in die Arbeitsweise und deren Prozesse in seinem schriftstellerischen Werk.

Von der handschriftlichen Urfassung zur Maschinenschrift, oft in mehreren Variationen und mit handschriftlichen Korrekturen versehen, lassen diese Manuskripte erkennen, mit welcher Sorgfalt, mit wie viel überprüfender Genauigkeit Günter Grass seine zumeist voluminösen Werke verfasst.

Auch wird durch die Exponate die enge Verbindung zwischen Text und Bild, wie wir sie aus zahlreichen Grass-Büchern kennen, sehr anschaulich nachvollziehbar. Im Laufe seines Schaffens haben sich die verschiedenen künstlerischen Gestaltungsformen immer wieder gegenseitig befruchtet.

So hat er nicht nur die Einbände seiner Bücher selbst gestaltet, sondern auch in einer Reihe von Büchern Graphiken, Zeichnungen und Aquarelle in Beziehung zum literarischen Text gesetzt. Wie zum Beispiel in seinem

Werk ‚Letzte Tänze', in dem sich Zeichnungen und Gedichte auf spielerische Weise ergänzen.

Die untergehende Sonne färbt den Himmel malerisch rot, als ich am Anwesen von Günter Grass ankomme. Da mir noch ein wenig Zeit bleibt bis zum verabredeten Gesprächstermin, fahre ich ein paar hundert Meter weiter, um die auf einem Hügel unterhalb eines ausgedehnten Waldes liegenden beiden Häuser, das Wohnhaus und dicht dabei das Atelierhaus von Günter Grass, zu betrachten. Ohne Anfahrtsskizze hätte ich es nur schwer gefunden, so abgelegen und isoliert liegt das Grass'sche Anwesen. Der Blick von den Häusern geht hügelab über den großen Garten mit schönen alten Bäumen, über Wiesen hin zum baumbestandenen Elbe-Lübeck-Kanal, an dem Günter Grass, wenn er nicht gerade auf Vortrags- und Lesereisen unterwegs ist, gerne spazieren geht.

Hier in ländlicher Abgeschiedenheit kann er, so denke ich mir, Ruhe finden, Atem holen von der Betriebsamkeit, vom Lärm der Welt, in die er sich einmischend immer wieder hineinbegibt. Hier kann er, so stelle ich mir vor, das erleben und verwirklichen, was er in seinem Aufsatz ‚Der lernende Lehrer' (1999) so formuliert hat: „Das Erleben des Innehaltens, der Muße. Nichts wäre inmitten der gegenwärtigen Informationsflut hilfreicher als eine Hinführung ...zur Besinnung ohne lärmende Nebengeräusche, ohne schnelle Bildabfolge, ohne Aktion und hinein ins Abenteuer der Stille, in der einzig Eigengeräusche erlebt werden können."

Das Knirschen der Reifen auf dem Kies ist in der Tat das einzige Geräusch weit und breit, als ich kurz darauf auf den Hof des Grass'schen Anwesens fahre. Frau Ohsoling, die Sekretärin von Günter Grass, die sich um seine vielfältigen Termine kümmert, empfängt mich und bittet mich ins Atelierhaus.

Günter Grass komme sofort, sagt sie, er trinke nur gerade seinen Kaffee zu Ende. Da stehe ich also in dem Haus, in dem er schreibt und seine Kunstwerke schafft. Ich sehe das Stehpult mit einem aufgeschlagenen „Blindband", eins der großformatigen Bücher, in die Günter Grass - stehend - alle seine Werke mit der Hand schreibt. Daneben die alte grüne ‚Olivetti', eine mechanische Schreibmaschine, mit der er eigenhändig das Handschriftliche in Maschinenschrift überträgt.

Ich habe gerade meine Jacke abgelegt, als Günter Grass auch schon kommt, mit einer leinenen Arbeitsschürze über Cordhose und Pullover, die Pfeife in der linken Hand, und mich mit einem festen Händedruck begrüßt.

Die achtmonatige Mischlingshündin Minka wuselt zwischen unseren Beinen hin und her. Grass erzählt mir, dass sein alter treuer Hund vor einem Jahr sechzehnjährig gestorben sei, und er und seine Frau nach anfänglicher Überlegung doch wieder einen Hund angeschafft hätten, „weil man es gewohnt war, immer etwas um die Beine zu haben".

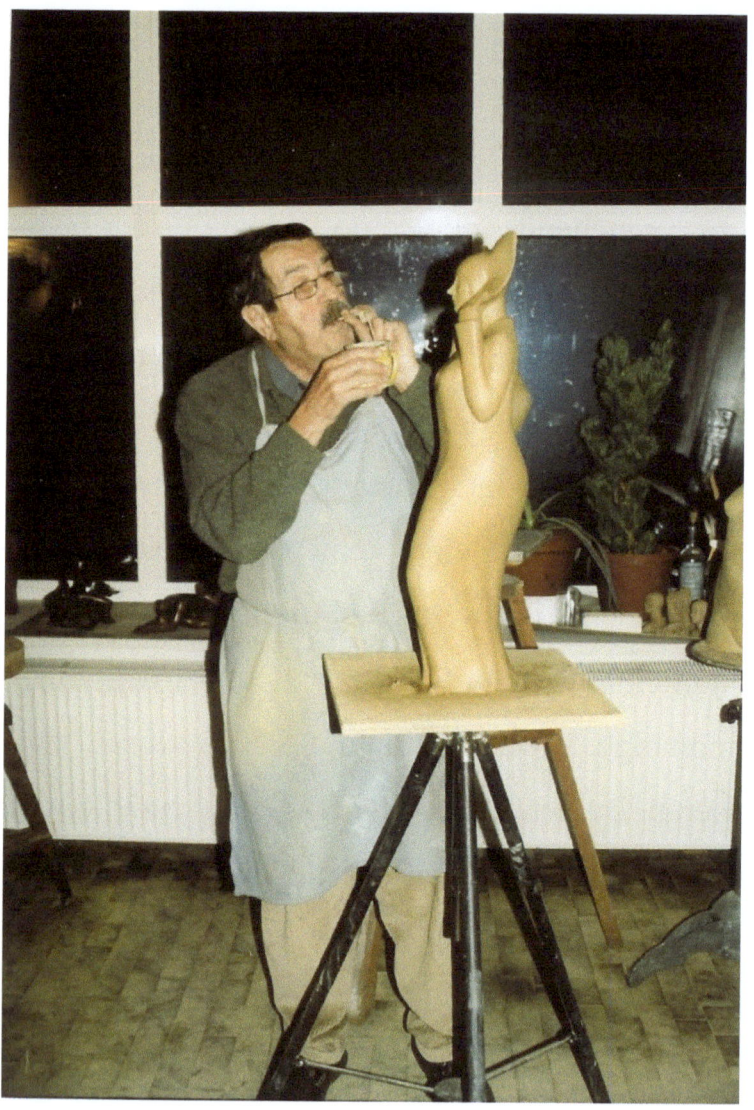

Als erstes führt mich Günter Grass in sein großes Atelier. Hier steht eine Fülle von Bronze- und Ton-Skulpturen. An den Wänden sind Zeichnungen, Skizzen zu den Figuren, befestigt. In der Mitte des Raumes steht auf einem Ständer eine Terrakottafigur, an der er noch arbeitet.

Nach diesem kurzen Ausflug ins Reich der bildenden Kunst gehen wir hinüber in den literarisch geprägten Teil der Werkstatt. Wir nehmen an einem runden Holztisch Platz, dicht neben dem Regal voller Bücher, das eine ganze Wand einnimmt. Der Raum ist in das angenehm weiche Licht einer Stehlampe getaucht. Günter Grass zündet seine Pfeife mit einem Streichholz an. Im Fenster spiegelt sich das Licht der Lampe, denn draußen ist es inzwischen dunkel geworden.

Also sehe ich nicht, was ich jetzt zitiere, ein Gedicht, das mir besonders gut gefällt und das sich als Einstieg auf unser Gespräch gut eignet. „Herbstlicher Obstgarten // Alle stehn leergefegt, doch trägt ein Baum ohne Blatt / Äpfel in den Dezember hinein. / Nur wer nicht staunen kann, / sieht einzig kahles Geäst."

„Dieses Staunen-können wie ein Kind", sage ich, „das macht doch den Künstler aus." Lebhaft stimmt mir Günter Grass zu. „Ja, es ist die Voraussetzung für jede künstlerische Arbeit."

Der großformatige Band ‚Fundsachen für Nichtleser' (1997) mit Aquarellen und zumeist kurzen Gedichten ist ein sehr persönliches Buch, in dem alltägliche Gegenstände ein Eigenleben zu führen beginnen, im Bild und in Worten: versteinerte Schnecken, Pilze und Federn, Kastanien, eine Schubkarre, ein Korb voller Äpfel.

Ein ganzer Kosmos persönlicher und allgemeiner Dinge wird durch das Zusammenspiel von Wort und Bild zum Leben erweckt und verrät wohl mehr als der dickleibigste Roman von seinem Autor, wenn es beispielsweise heißt: „Versteinert // und als Fundsache nur / werden wir ziemlich verspätet / Auskunft geben: / über den Fortschritt an sich / und unser Steckenpferd / Nächstenliebe genannt."

Oder ‚Zaubern auf Papier': Hier kann man die Freude des Wort- und Bildkünstlers spüren, der ganz bei sich ist. Ich frage Günter Grass, ob sich eine seiner künstlerischen Tätigkeiten zum Atemholen eigne.

„Für mich hat sich diese Frage nie gestellt, was ist das Wichtigste", gibt er zur Antwort. „Es ist immer die absolute Konzentration auf das, was ich gerade tue, die im Vordergrund steht. Und dann wechsle ich eigentlich generell das Handwerkzeug. Als ich zum Beispiel den ‚Krebsgang' fertig hatte, habe ich mit Terrakottafiguren angefangen, etwas ganz anderes. Nach dem schweren und lastenden Stoff, diesem Untergangsstoff, wollte ich unbedingt etwas Heiteres machen. So begann ich, tanzende Paare zu schaffen, in Zeichnungen und daneben in

Ton. Und dann habe ich plötzlich in die Zeichnungen hinein Gedichte geschrieben. So entstand der Band 'Letzte Tänze'. Atem holen, das kann ich in allen meinen Tätigkeiten. Es ist diese wunderbare Einsamkeit, die zum Schreiben gehört und auch zum Zeichnen."

Grass nimmt ein paar Züge aus seiner Pfeife und fährt fort: „Wissen Sie, Zeichnen und Lyrik sind sich am nächsten. Da ist das Weglassen in beiden Bereichen. Gleichzeitig ist es auch, was die Lyrik angeht, das genaueste Instrument, um mich nach einer längeren Arbeitsphase im epischen Bereich, einer Phase, in der man sich auch selber verändert, wieder neu zu vermessen. Und das Zeichnen ist oft eine Möglichkeit, wenn Sprache versagt."

Das war so, erzählt er weiter, während seines mehrmonatigen Aufenthaltes in Kalkutta. Die Wirklichkeit sei so bedrückend gewesen, dass er sich ihr nur zeichnend habe nähern können. Nach einer gewissen Zeit seien dann mit dem Zeichnen auch Wörter wieder möglich gewesen.

„Und weil ich mir Mühe gebe, anschaulich zu schreiben, ist das Zeichnen parallel dazu ein besonders geeignetes Instrument. Denn es fordert genaues Hinsehen."

Im Falle des Kalkutta-Aufenthaltes führte das Arbeitsergebnis zu einer Mischform: einer Vielzahl von Pinsel- und Rohrfederzeichnungen und Prosa, fußend auf Tagebuchaufzeichnungen sowie einem abschließenden großen Gedicht, das ebenso wie das ganze Buch den Titel ‚Zunge zeigen' trägt.

Lebhaft schildert mir Günter Grass dieses Mit- und Nebeneinander seiner verschiedenen Arbeitsdisziplinen. Das genaue Hinschauen schlägt sich in Skizzenmaterial nieder, das zu weiterführenden Gedanken veranlasst. Aber auch während lang anhaltender Arbeit an Prosamanuskripten zeichne er in die erste handschriftliche Fassung hinein.

So sei es auch bei dem Roman ‚Ein weites Feld' gewesen. Die jeweilige Situation, die er darstellen wolle, verdeutliche er zeichnerisch in ihren Figurinen. „Das Manuskript in seiner ersten Fassung ist durchsetzt mit Zeichnungen. Da ist der Fonty und Hoftaller, sein Tag-und-Nacht-Schatten, und ich entwerfe zeichnerisch ihr Verhältnis zueinander, bevor es in Prosa Gestalt annimmt. Und dann kann es sein", erzählt Grass weiter, „dass ein Teil dieser skizzierten Zeichnungen als Motiv in größeren Zeichnungen, Lithographien oder Radierungen wieder aufgenommen und die Thematik außerhalb des Manuskriptes an der Staffelei, also in einer ganz anderen Disziplin, weiterentwickelt wird."

Günter Grass spricht ruhig und konzentriert. Ich erfahre viel über die Arbeitsprozesse und auch über den Menschen Günter Grass, der bereitwillig und freundlich über sich Auskunft gibt und nicht den Hauch eines abgehobenen Intellektuellen spüren lässt, zu keinem Moment unseres Gesprächs Distanz aufbaut.

„Allein schon, um Routine zu vermeiden, wechsle ich gerne die Disziplinen", verrät er. Und als ich ihn noch einmal auf das Buch ‚Fundsachen für Nichtleser' anspreche, berichtet er über die besondere Bewandtnis von dessen Entstehung.

„Ich habe mehrmals vergeblich den Versuch unternommen, im Laufe der Jahre und Jahrzehnte, wieder zum Aquarell zu kommen. Es glückte nie. Als ich 'Ein weites Feld' beendet hatte, das Buch erschien und sich auch in der Öffentlichkeit zum Teil Heftiges abspielte, sind wir wie in jedem Sommer nach Dänemark gefahren, und ich habe wieder meine Aquarellkästen mitgenommen. Und diesmal gelang es!"

Dass Günter Grass sich noch heute darüber freut, zum Aquarellieren - seiner Technik der 50er und 60er Jahre - zurückgefunden zu haben, merke ich seinem Erzählen an. Nach anfänglichen Baumstudien in der Natur wurden die Themen wie von selbst immer vielfältiger. Und dann begann er, in die noch feuchten Blätter hinein mit einem Pinsel Gedichte zu schreiben, die er ‚Aquadichte' nannte.

Von einem dieser Aquadichte 'Mein Monat', ausgehend, dessen letzte Zeilen lauten: „… und unser Stehaufmännchen,/ das Hoffnungsprinzip", tauchen wir ein in Günter Grass´ Biografie.

„Hoffnung schaufelt Geschichte frei. Hoffnung löst die Linie, welche Fortschritt heißt, aus zeitgebundenen Verstrickungen. Sie überlebt. Denn einzig wirklich ist nur die Hoffnung", heißt es im Roman ‚Der Butt'. Und doch hat Grass, „wo und wann immer Glauben zum Marktangebot gehörte, das 'Prinzip Zweifel' allen anderen Prinzipien, auch dem 'Prinzip Hoffnung', übergeordnet", wie er 1999 in seinem Essay ‚Der lernende Lehrer' betonte.

Er zählt zu den ‚gebrannten Kindern', die infolge des Krieges ihre Heimat verloren und nach dem Kahlschlag durch ein verbrecherisches Regime zurückgeworfen wurden auf eine Stunde Null. Der Verlust der Heimat

„war, so schmerzlich er blieb, als begründet anzusehen... verglichen mit Millionen Flüchtlingen, denen es in der Regel schwer fiel, weiter westlich heimisch zu werden, war ich gut dran. Ich konnte mit Hilfe der Sprache diesen Verlust zwar nicht wettmachen, doch, Wörter wie Bruchstücke fügend, zu etwas gestalten, dem der Verlust ablesbar wurde", formulierte Grass 1992 in seiner ‚Rede vom Verlust'.

Damit weist er schon hin auf das, was er für die Voraussetzung seines Schreibens, ja allgemein für eine Voraussetzung von Literatur hält: „Verlust machte mich beredt."

So begann er, seine Heimatstadt Danzig zu beschwören. Zuerst mit dem epochalen Roman ‚Die Blechtrommel', der ihn mit seinem Erscheinen 1959 über Nacht berühmt machte, in der Folge mit seiner Novelle ‚Katz und Maus' (1961) und schließlich mit dem groß angelegten epischen Roman ‚Hundejahre' (1963), kurz: mit der so genannten ‚Danziger Trilogie'.

„Nur, was gänzlich verloren ist, fordert mit Leidenschaft endlose Benennungen heraus, diese Manie, den entschwundenen Gegenstand so lange beim Namen zu rufen, bis er sich meldet", sagt Grass.

In den oben genannten drei frühen Werken gestaltet Grass in den Biografien seiner Protagonisten eine als heillos erfahrene Welt, die nur durch das Künstlertum ertragen werden kann. Sowohl Oskar Matzerath in der ‚Blechtrommel' als auch Eduard Amsel, der Halbjude aus ‚Hundejahre', sind Künstler, wenn auch sehr ungewöhnliche. Oskar Matzerath, eine geniale Erfindung seines Schöpfers Günter Grass, beschließt an seinem dritten Geburtstag, nicht mehr zu wachsen und sich dadurch der Teilhabe an dieser Welt zu verweigern.

Mit seiner Kunst des Trommelns versteht er es, Zeit zu vergegenwärtigen, Erinnerung heraufzubeschwören gegen das allseits gewünschte und praktizierte Vergessen der verbrecherischen Nazidiktatur und die Gräuel des Krieges.

Ebenso macht es Eduard Amsel mit seinem Vogelscheuchenbau. Vergessen werden sollen die Knochenberge, der Verrat und der Mord an den Juden. Die Geschichte ist befleckt von unglaublichen Verbrechen: „Nichts ist rein ... selbst Seife wäscht nicht rein", heißt es einmal in ‚Hundejahre'.

In die beginnende Wirtschaftswunderzeit der Bundesrepublik hinein, in der die Vergangenheit möglichst ruhen sollte, schrieb Grass in seinen Romanen gegen das Vergessen.

„Diese Verhaltensweise wird mehr und mehr zur Hauptlebensregel aller Beteiligten: Vergessen! Sprüche werden in Taschentücher, Handtücher, Kopfkissenbezüge und Hutfutter gestickt: Jeder Mensch muss vergessen können. Die Vergesslichkeit ist etwas Natürliches. Das Gedächtnis sollte von angenehmen Erinnerungen bewohnt sein und nicht von quälenden Garstigkeiten. Es ist schwer, sich positiv zu erinnern. Deshalb muss jeder etwas haben, woran er glauben kann: Gott zum Beispiel; oder wer nicht an den glauben kann, der soll an die Schönheit, an den Fortschritt, an das Gute im Menschen oder an sonst eine Idee glauben", heißt es im Roman ‚Hundejahre'.

In seiner Poetik-Vorlesung in Frankfurt am Main erklärte Günter Grass 1990, was es für ihn und die Schriftsteller seiner Generation bedeutet hatte, die durch die Nazi-Ideologie korrumpierte deutsche Sprache zu gebrauchen, zumal unter dem Adorno-Verdikt ‚Nach Auschwitz ein Gedicht zu schreiben, ist barbarisch': „Soviel war uns gewiss, dass das Adorno-Gebot - wenn überhaupt - nur schreibend zu widerlegen war ... Es galt, den absoluten Größen, dem ideologischen Weiß oder Schwarz abzuschwören, dem Glauben Platzverweis zu erteilen und nur noch auf Zweifel zu setzen."

Wer jedoch annimmt, Grass' Romane läsen sich wie Anklageschriften, ließen nur Grau als Farbe zu, seien pessimistisch-triste Tableaus, der irrt gewaltig. Was Grass an Biss, Satire, Wortwitz, Mundartlichem, teils realistisch, dann wieder skurril-surreal über viele hundert Seiten vor dem Auge des Lesers ausschweifend und mit Liebe zum Detail entstehen lässt, sucht seinesgleichen.

Er ist ein Wortmagier, begabt mit einer Sprachkraft und Phantasie, die ganz eigene Bildwelten entstehen lässt. Seine Themen sind Schuld, Verstrickung und die Mühsal unserer menschlichen Existenz. .

In die frühen 60er Jahre geht Grass' Parteinahme für Sisyphos zurück, den ‚glücklichen Steinewälzer', der auch später in seinen Werken immer wieder persönlich und in Anspielungen auftaucht.

„Ja", sagt er jetzt im Gespräch, „Sisyphos ist ein antiidealistisches Programm, das von Camus entworfen worden ist. Diese Bejahung des Steins setzt voraus, dass jemand, auch wenn er keine Hoffnung mehr hat, weitermacht. Diese spezielle Stärke, die aus dem Sisyphos-Prinzip abzuleiten ist, schützt vor Resignation."

Und er fährt fort: „In Resignation und Untätigkeit verfallen meistens nur Menschen, die auf Hoffnung gebaut haben. Und wenn dann die Hoffnung trügt und alles zusammenfällt, ist der Reflex darauf Resignation, andauernde Resignation und ein Nichts-mehr-Tun. Und das gibt es bei mir so gut wie nicht."

Ich zitiere eine Strophe des Gedichts ‚Des Wiederholungstäters halbherzige Beichte' aus ‚Letzte Tänze' (2003): „Vor allen Freuden war mir eine ganz besonders lieb: / den Stein zu wälzen streng nach Sisyphus-Prinzip. / War froh, fand ich ihn unten, mürrisch, wenn er oben, / ließ mich als patentierten Steinewälzer loben / und nannte Glück, was mich bergaufwärts trieb." Günter Grass schmunzelt, wir lachen beide, und ich sage, dass das eine wunderbare Lebenseinstellung sei, die ihn sicher auch dazu befähigt habe, mit den vielen Anwürfen fertig zu werden. Da wird er wieder ernst und sagt: "Wissen Sie, das ist so eine Sache mit den Anwürfen. Manchmal steht man ja vor der Frage: Lass ich mir eine Elefantenhaut wachsen, damit ich es nicht mehr spüre. Das ist eine Möglichkeit. Bloß wenn man sich eine Elefantenhaut wachsen lässt, spürt man auch andere Dinge nicht mehr. Dann lasse ich mich doch lieber in Maßen verletzen."

Der große Dichter mit seiner Lust an drastischer Sprache, die er hineinsetzt in eine orgiastisch ausgemalte Sinnenfreude, in Absurditäten, ist ausgestattet mit einer schier überbordenden Einbildungskraft. Dass dieser Günter Grass verletzbar sein kann, dafür habe ich in seinen ‚Fundsachen für Nichtleser' eine sehr passende Metapher gefunden, diejenige des Kaktus.

„Wo ich Schutz suche // Hinterm mannshohen Kaktus / der vielarmig um sich greift / und mit Lanzen den Luftraum abschirmt, / verbirgt sich mein verletzliches Ich", lautet es in dem Gedicht ‚Wo ich Schutz suche'.

In Portugal gebe es sehr viele Kakteen, erzählt Grass, und lächelnd ergänzt er: „Ich liebe diese Pflanze. Ihre Spitzen zeugen von ihrer Unnahbarkeit. Aber sie bietet dem, der sich hinter sie stellt, auch Schutz."
Ich spreche Günter Grass auf sein lyrisches Werk an, das, wie ich finde, gegenüber seinen Romanen und Novellen, nicht genügend gewürdigt wird. „Das liegt daran, dass die Prosa im Vordergrund steht, und da waren auch die Kontroversen", meint Günter Grass. „Ich bin auch ein bisschen traurig darüber, aber vielleicht kommt es noch. Die Lyrik hat ja immer ein besonderes Publikum. Ich mache jetzt in der letzten Zeit wieder häufiger Lyriklesungen." Noch gestern habe er zusammen mit Peter Rühmkorf in Greifswald eine Lesung nur mit Gedichten gemacht. „Da waren 900 Menschen", erzählt er, „und wir haben abwechselnd eineinhalb Stunden Lyrik gelesen. Das war sehr schön. Und dann gab es ein polnisches Musikensemble, das hat frühe Sachen von Penderecki gespielt."

Was viele nicht wissen: Günter Grass begann seine schriftstellerische Laufbahn mit Gedichten. 1956 erschien sein erstes Buch, der Lyrikband ‚Die Vorzüge der Windhühner'. Man wurde auf ihn aufmerksam und lud ihn zu den Treffen der Gruppe 47 ein. Dort las er aus seinem Romanmanuskript ‚Die Blechtrommel' vor, was ihm den Weg zum Weltruhm ebnete.

Erstaunlich sei, sage ich, dass bei ihm die großen epischen Werke und die Lyrik so stark nebeneinander existieren können. „Ich bin von Anfang an Lyriker gewesen. Viele später epische Manuskripte haben ihr zündendes Moment in einem Gedicht gehabt. Das hängt oft eng miteinander zusammen, und es gibt zwei episch konzipierte Romane, 'Der Butt' und 'Die Rättin', in denen die Gedichte zwischen der Prosa stehen. Das was an Lyrik im Zusammenhang mit einer längeren Arbeitsperiode, immer bezogen auf den epischen Stoff, entstanden ist - einem romantischen Literaturverständnis folgend - zwischen die Kapitel und in die Kapitel hinein, oft die Handlung reflektierend, fortsetzend, widersprechend, als Fermate zwischen den einzelnen Prosapassagen, das habe ich gerne gemacht."

Und auch in unserem weiteren Gespräch sind es Gedichte, die mir Günter Grass als Menschen näher bringen, zum Beispiel die ‚Kopfstand'-Gedichte. Darin lerne ich ihn als Familienmenschen kennen. „Ja, das ist so eine Marotte von mir", erzählt er. „Ich mache das nur bei runden und halbrunden Geburtstagen im Familienclan, mit den Kindern und noch zahlreicheren Enkelkindern, dass ich es immer wieder probiere, ob ich ihn noch hinkriege, den Kopfstand. Zuletzt war das an meinem 75. Geburtstag."

Er lacht, als er weitererzählt, wie er nach anfänglicher Skepsis seiner Zuschauer, ob ‚der Alte' es wohl noch schaffe, dann beklatscht wurde, auch wenn er die Beine nicht mehr so kerzengerade hinbekommen habe.

Günter Grass hat Humor, er sieht die Dinge mit dem nötigen Abstand und kann auch über sich selbst lachen. Gleichzeitig ist er ein engagierter Zeitgenosse und Moralist im besten Sinne des Wortes. Auch davon zeugt eins seiner Kopfstand-Gedichte aus den ‚Letzten Tänzen'. Es trägt den Titel ‚Kurz vor Ostern'; die dritte Strophe lautet: „Ach stünde die Welt doch Kopf! / Vielleicht fiele ihr was / aus der Tasche. / Der Schlüssel, zum Beispiel, / passend für einen Ausweg."

Ein schönes Bild, dieser Blick ‚aus verkehrtem Stand', das verkehrte Bild, das „auf des Augenblickes Dauer - mich glücklich machte", - so die Worte aus dem Gedicht ‚Augenblickliches Glück' -, „und die Hoffnung nährt auf einen Ausweg."

"Wie kommt man dieser verrückten Welt bei, die dabei ist, sich zugrunde zu richten?"

Die Frage, die Günter Grass in den Raum stellt, beschäftigt ihn seit Anbeginn. Deshalb hat er sich neben seiner künstlerischen und schriftstellerischen Arbeit auch ins politische Tagesgeschehen eingemischt: in Reden, Aufsätzen, im Wahlkampf für die SPD, gegen eine unmenschliche Abschiebepraxis von Asylanten, gegen eine überstürzte Wiedervereinigung unter Missachtung einer im Grundgesetz vorgeschriebenen neuen Verfassung, für eine Aussöhnung mit den polnischen Nachbarn (mit Willy Brandt war er 1970 bei dessen geschichtsträchtigem Kniefall in Warschau), für eine Entschädigung sowohl der Zwangsarbeiter als auch der Sinti und Roma, die neben den Juden im Dritten Reich ermordet wurden. Lang ist die Liste aller Aktivitäten von Günter Grass, auch seines persönlichen Engagements in Form von Stiftungen zugunsten Verfolgter oder zu Fördernder.

In seinem Selbstverständnis als Schriftsteller sieht er sich dabei ganz an der Seite eines anderen Literaturnobelpreisträgers, Albert Camus, der in seiner Nobelpreisrede 1957 sagte: „Wir, die Schriftsteller des 20. Jahrhunderts, werden nie mehr allein sein. Wir müssen im Gegenteil wissen, dass wir uns der gemeinsamen Misere nicht entziehen können und dass unsere einzige Rechtfertigung, wenn es eine gibt, die ist, dass wir, soweit wir dazu nur fähig sind, für jene zu sprechen, die in diesem Augenblick leiden." Wie Camus sieht Grass seinen Platz bei den Zu-kurz-Gekommenen, nicht nur im eigenen Land. In äußerstem Maß besorgt ist er über die globalen Gefahren durch Atomenergie, Umweltzerstörung und die immer größer werdende Diskrepanz zwischen reichen und armen Ländern.

„Noch nie hatte die Welt wie heute die Mittel, sich selbst auszulöschen, und zwar auf vielfältige Weise", sagt er und fährt fort, „es ist eine ungeheure Diskrepanz zwischen den technischen Möglichkeiten, die wir in unseren Köpfen entwickelt haben, und dem absoluten Unvermögen, erkannte Missstände zu beseitigen. Willy Brandt und Olof Palme haben Folgendes erkannt: Wenn es nicht gelingt, die so genannte Dritte Welt gleichzustellen mit den Industrienationen, wird die Verelendung dort zunehmen. Und wir erleben jetzt, wie das aus dieser Enttäuschung durch die Industrienationen, die ja zum Teil nach wie vor von dorther bewundert werden, in Zorn und in Hass umschlägt. Das ist das, was wir derzeit erleben und was wir pauschal Terrorismus nennen. Und dagegen mit militärischen Mitteln anzugehen, ist der größte Blödsinn! Wenn ich mir vorstelle", sagt er weiter, „man würde die Mittel, die ein solcher Krieg verschlingt, anwenden, um in den Staaten der Dritten Welt zu helfen, und wäre dann noch bereit, zu einer neuen Weltwirtschaftsordnung zu kommen, die diese gleich behandelt, dann wäre das - langfristig auf jeden Fall - das beste Mittel gegen den so genannten Terrorismus. Aber niemand macht es." Nach einer kleinen, nachdenklichen Pause fügt er, traurig lächelnd, hinzu: „Die Welt steht eben nicht Kopf, um einen Ausweg zu finden aus diesem selbstmörderischen Prozess."

Günter Grass hat jahrzehntelang an öffentlichen Debatten teilgenommen, soziale Gerechtigkeit und solidarisches Handeln eingefordert und sich dabei viel Kritik, manchmal Häme, später nur noch müdes Achselzucken eingehandelt. Seine moralischen Appelle galten in den von Oberflächlichkeiten dominierten Medien als peinlich. Und doch kann und wird er nicht aufhören zu mahnen und sich einzumischen, darin sieht er seine Verantwortung.

„Ein Schriftsteller, Kinder, ist jemand, der gegen die verstreichende Zeit schreibt", hat er im ‚Tagebuch einer Schnecke' formuliert. In seiner Frankfurter Poetik-Lesung und in seiner Nobelpreisrede nahm er diese Definition wieder auf und erweiterte sie: „Eine so akzeptierte Schreibhaltung setzt voraus, dass sich der Autor nicht als abgehoben oder in Zeitlosigkeit verkapselt, sondern als Zeitgenosse sieht, mehr noch, dass er sich den Wechselfällen verstreichender Zeit aussetzt, sich einmischt und Partei ergreift."

Der selbstmörderische Prozess sei auf vielen Gebieten im Gange, meint Grass, sei es durch Nutzung von Atomenergie, den hemmungslosen Verbrauch nicht erneuerbarer Energien oder die Genmanipulation. „Das ist es ja", sagt er, „sie können all das entwickeln, haben aber nie gelernt, bei bestimmten Dingen Nein zu sagen. Machen, was machbar ist. Es wird also gemacht, *weil* es machbar ist! Anstrengungen in andere Richtungen, die nicht zum Schaden des Menschen und der Natur führen würden, wie zum Beispiel den Ausbau erneuerbarer Energien, sind einfach nicht stark genug."

Günter Grass sieht genau hin, entdeckt hinter Worthülsen das Unechte, entlarvt Verlogenheit, demaskiert starre Ideologien, indem er sie in seinen Erzählfiguren überzeichnet. Das regt an zum Nachdenken über allzu fest gefügte Weltanschauungen, über Schuld, über kleinbürgerliche Moral, kurz: über die Verstrickungen von Menschenleben in Gesellschaftsordnungen und Zeitgebundenheit.

Sieht er sich als Aufklärer, frage ich. „Nun, wir alle sind Kinder der Aufklärung. Die Aufklärung hat ihren eigenen Prozess und hat zu Fehlentwicklungen geführt, zu einer Absolutsetzung der Vernunft. Michel de Montaigne kann man als Vater der Aufklärung begreifen. Bei Montaigne spielt der Irrationalismus noch eine Rolle, als ein Faktor, mit dem man rechnen muss, als etwas, was zum Menschen gehört. Später gab es ein Irrationalismus-Verbot, mit den Folgen, dass sich die rationalen Dinge verselbständigt haben und zu grässlichen Entwicklungen führten, vom Faschismus bis hin zu dem, was sich meint, rational erklären zu können, dem Kapitalismus. Und der spielt ein irrationales Spiel! Da brauche ich mir nur die Börse anzugucken, das hat mit Vernunft absolut nichts mehr zu tun. Und dann unsere Gelder, Ressourcen und Arbeitsplätze vernichtenden Großapparate, die weltweit in Funktion sind, so dass sich innerhalb des kapitalistischen Systems ein Selbstvernichtungsprozess abspielt! Was wir im Kommunismus erlebt haben, findet jetzt sozusagen spiegelverkehrt im Kapitalismus auch statt. Auch nicht mehr reformfähig. Sogar gestandene Kapitalisten haben ihre Warnungen ausgestoßen."

Es scheint, als denke Günter Grass, was ein Protagonist in seinem Buch ‚Örtlich betäubt' fragend in den Raum stellt: „Aber wofür das alles, wenn kein System den Menschen erzieht, über sich hinauszuwachsen?" Dabei bietet Grass niemals Patentlösungen an. Vielmehr bekennt er: „Mich trägt keine Lehre. Die Lösung weiß ich nicht."
Vor allzu viel Gerechtigkeit warnt er und fürchtet sich vor den Wegbereitern paradiesischer Zustände. Denn Grass ist weder Utopist noch Idealist, auch wenn es manchmal so scheinen mag, dann nämlich, wenn er größere Solidarität und Verantwortung gegenüber den

Schwachen und Außenseitern der Gesellschaft einklagt. Vielmehr ist er sowohl in seinen Romanen als auch in seinem essayistischen Werk ganz und gar Realist. Und dessen vorzügliches Instrument ist der Zweifel. So richtet er einmal folgende Worte an seine Kinder: „Ich schenke euch Zweifel und rate zum Verlust."

„Wissen Sie", antwortet er, an die beiden Zitate aus ‚Tagebuch einer Schnecke' anknüpfend, „Ideologien haben ein Endziel. Sie kennen die Lösung. Aber eigentlich ist der Weg das Ziel." Schon 1968 hatte Grass in dem Band ‚Über das Selbstverständliche' geäußert: „Mein Teil war es, auszusprechen, zu irren, zu verlieren, neu anzufangen."

„Ja", meint er jetzt, „die Bereitschaft zum Verlust beinhaltet auch die Niederlagen, die zum Leben gehören, und dass man darauf vorbereitet ist, auch Risiken eingeht, die unter Umständen zu solchen Niederlagen führen können."

Vor Risiken hat sich Günter Grass gewiss nie gescheut. Ob Literatur oder Politik: Seine Texte verfasste er immer unabhängig von gängigen Strömungen. Diese Unabhängigkeit hat ihm viel Kritik, auch Unverständnis eingebracht, zuletzt beim Erscheinen seines Romans ‚Ein weites Feld', der im Berlin unmittelbar nach der Wende spielt und mit den Erzählfiguren Fonty und Hoftaller ein Zeitpanorama umspannt, das bis in die Fontanezeit zurückreicht.

Wie alle Grass-Romane ist auch dieser komplex und kunstvoll komponiert und arbeitet mit vielfachen Brechungen. Man kann ihn nicht, wie nahezu durchweg geschehen, auf eine Kritik am zu rasch vollzogenen Einigungsprozess reduzieren. Auch hier geht es - neben vielen vergnüglichen Episoden - um Benennen und Bekennen von Schuld, wie auch in seiner Novelle ‚Im Krebsgang', in dem Günter Grass das Leiden der durch den

Krieg vertriebenen Deutschen am Untergang der ‚Wilhelm Gustloff' darstellt.

Einmal mehr beweist der Autor Grass sein literarisches Können, seine meisterhaften Verschränkungen verschiedener Erzählstränge und zeitlicher Ebenen, verbunden mit wiederum etwas, das ihm eigen ist: moralischer Anspruch und historisches Verantwortungsbewusstsein.

Sein wohl bis heute noch bekanntester und bedeutendster Roman ‚Die Blechtrommel' machte den erst 32-jährigen Günter Grass über Nacht berühmt. Dieser Roman war wie ein Paukenschlag in der braven, spießbürgerlich geprägten Nachkriegszeit. Er brach mit nahezu allen damals geltenden Tabus. Aus der Perspektive seines Antihelden Oskar Matzerath, der einerseits Kind bleibt, andererseits ein äußerlich missratener, zurückgebliebener Erwachsener ist, schildert Grass aus eben dieser Sicht von unten die Geschichte seiner Heimatstadt Danzig und mit ihr exemplarisch die Geschichte

Deutschlands vom Jahr seiner Geburt 1927 bis in die fünfziger Jahre.

Was sich in diesem epischen Roman an Ideenreichtum, an Phantasien, an Sprachvirtuosität, an Groteskem und Satirischem manifestiert, ist beispiellos und hat ihm zu Recht schon damals den Rang eines der namhaftesten Autoren der Nachkriegszeit verschafft, mit weltweitem Echo.

Die geniale Erfindung der Erzählfigur Oskar Matzerath ermöglichte seinem Schöpfer einen ungewohnt-ungewöhnlichen Blickwinkel auf seine Mitmenschen, seine Umgebung, die dramatischen Entwicklungen während der aufziehenden Nazidiktatur, während des Krieges und der ersten Nachkriegszeit. Durch die Kunst des Trommelns kann Oskar die vergangene Zeit gegenwärtig werden lassen.

Das Trommeln ist im übertragenen Sinne die Sprache des Künstlers (und Oskar betrachtet sich selbst ja als Künstler, auch mit seiner Fähigkeit, mit seiner Stimme

Glas zu 'zersingen'), mit der er - Oskar - und mit ihm auch sein Erfinder Grass sich seine eigene Welt erschafft: Er verweigert die Teilhabe an der Erwachsenenwelt, die nur Unglück heraufbeschwört und verbreitet. Und als 30-jährigem Insassen einer Heil- und Pflegeanstalt gelingt es ihm durch die 'Kunst des Zurücktrommelns', sich bis ins kleinste Detail an die erlebte und durchschaute Wirklichkeit zu erinnern und sie nachträglich zu vergegenwärtigen.

Die aberwitzige Erzählfigur Oskar Matzerath lässt mich einfach nicht los. So frage ich Günter Grass, wie er auf die geniale Idee kam, sie zu erfinden. Er wollte, antwortet er, eine unbefangene Perspektive haben, jemanden, der außerhalb des Ganzen steht oder sich dorthin stellt. Ursprünglich habe er dabei an die Figur eines modernen Säulenheiligen gedacht. Das sei ihm aber zu statisch gewesen.

„Im Grunde ist der Oskar Matzerath ein umgekehrter Säulenheiliger. Er beschließt, nicht mehr zu wachsen. Und dann", fährt Grass fort, „kommen natürlich viele Motive zusammen. Da ist der dem Menschen innewohnende Wunsch, nicht erwachsen werden zu wollen. Dann das Märchenmotiv vom Däumling."

Ein zusätzlicher Grund sei auch seine Vorliebe für eine europäische Romanform, die sich in Spanien unter dem Einfluss der Mauren entwickelt habe, der so genannte pikareske Roman, dessen bekanntester Vertreter Cervantes sei.

„Der pikareske Roman hat immer einen Helden, eine reine Kunstfigur, in dem sich aber die Zeiten wie in einem Konvexspiegel brechen."

Was dieser Oskar Matzerath erlebt, weist so manche Parallele zur Grass'schen Biografie auf. Sowohl in der ‚Blechtrommel' als auch in den beiden anderen Teilen der ‚Danziger Trilogie' spielen sich beispielsweise einige Szenen im kirchlichen Milieu ab.

„Ja, meine katholische Jugend spielt da eine Rolle", sagt Günter Grass. – „Als Sie 1974 aus der katholischen Kirche austraten, haben Sie damit auch Ihre religiösen Wurzeln abgeschnitten?", möchte ich daraufhin wissen. „Aber nein", gibt Grass zur Antwort, „die kann man nie abschneiden." Und lachend ergänzt er: „Das heidnische Element bleibt immer!"

Er habe jedoch kein gläubiges Verhältnis zur Kirche. In seiner Nobelpreisrede brachte Günter Grass Sisyphos, den ‚glücklichen Steinewälzer', ins Spiel: „In meiner Gottlosigkeit bleibt mir einzig übrig, das Knie vor jenem Heiligen zu beugen, der bislang noch immer hilfreich gewesen ist und die schwersten Brocken ins Rollen gebracht hat. Also flehe ich: Heiliger, von Camus' Gnaden nobelierter Sisyphos, bitte sorge dafür, dass der Stein nicht oben liegen bleibt, dass wir ihn weiterhin wälzen dürfen, auf dass wir wie du glücklich mit unserem Stein sein können und die erzählte Geschichte von der Mühsal unserer Existenz kein Ende findet."

Ob man die Gottlosigkeit in seiner Nobelpreisrede wirklich auf ihn beziehen könne, frage ich. Und er antwortet: „Ob einer es Gott nennt, ob einer ein religiöses Verhältnis zur Welt hat - Religion ist immer festgelegt auf eine Lehre. Ich habe ein demütig dienendes Verhältnis zur Natur." Und lachend fügt er hinzu: „Darin erschöpft sich meine Gläubigkeit." – "Staunen und Demut vor der Schöpfung?", werfe ich ein. Und Grass darauf: „Nach unseren Erkenntnissen ist das ein evolutionärer Vorgang, von dem wir nur zum Teil wissen, wie er sich hier auf diesem Planeten abgespielt hat. Das Wort Schöpfung setzt einen Schöpfer voraus. Für eben diesen Schöpfer gibt es aber keinen Beleg. Das ist reine Glaubenssache. Und diesen Glauben teile ich nicht."

Eigentlich habe er, sagt er, noch lange Zeit eine Bindung zur katholischen Kirche gehabt. „Das hörte dann auf, als in einer regelrecht borniertern Haltung die Zugehörigkeit zur Kirche mit deren Lehrinhalten gleichgesetzt wurde, beispielsweise in der Frage des Schwangerschaftsabbruchs. Da war das für mich nicht mehr tragbar." Aber grundsätzlich tolerant sei er allen Glaubensrichtungen gegenüber: „Wahrheit existiert für mich nur als Plural."

„Ich habe nirgendwo Wurzeln geschlagen", schrieb Grass einmal. Diese Worte haben bis heute Gültigkeit. Er könne an vielen Orten leben, habe ein geradezu leichtfertiges Vergnügen am Ortswechsel, erzählt er mir. „Dem Heimatlosen sind die Horizonte weiter gespannt", formulierte er 1992 in seiner ‚Rede vom Verlust'.
Mit dem Verlust sei das so eine Sache: „Zugleich mit dem Verlust gewinnt man immer auch etwas." Mit dem Verlust der Heimat die Beweglichkeit. Sogar ein total verlorener Krieg mit seinen ungeheuren Verlusten an Menschenleben und Provinzen habe gegenüber dem Sieger dennoch einen Gewinn. „Denn der Sieger denkt

nicht nach, er hat ja nichts verloren. Siegen macht dumm!", sagt Günter Grass fast herausfordernd.

„Während wir in Deutschland gezwungen waren, ob wir wollten oder nicht, uns mit unserer Vergangenheit herumzuschlagen von Generation zu Generation. Und wenn wir nicht mehr wollten und müde wurden, holte uns die Vergangenheit ein und hat uns daran erinnert. Das sehe ich als Gewinn an. Das Leid, das haben wir verursacht, aber darüber nachzudenken und alles zu tun, um Wiederholung - und sei es auch nur im Ansatz - zu verhindern. Nach unserer traurigen und brüchigen Geschichte in Deutschland sehe ich diese teils erzwungene, teils freiwillige Auseinandersetzung mit unserer Vergangenheit als Gewinn an."

Günter Grass hat, weil er seinen Platz nie auf der Siegerseite sah, durch sein Erzählen die Wunden der Geschichte offen gehalten und wird dies weiter tun, indem er in Lyrik und Prosa die Zerrissenheit und Heillosigkeit der Welt aufzeigt. Und indem er seinen Schreibtisch verlässt, sich zu Wort meldet und sich in den politischen Alltag einmischt.

Grass' Prinzip ist der Zweifel, sein Nein zu jeglicher Ideologie. Er versteht sich nicht als Menschheitsverbesserer, auch dann nicht, wenn er - sich als Zeitzeuge begreifend - sich einmischt in tagespolitisches Geschehen.
„Mein Teil war es, auszusprechen, zu irren, zu verlieren, neu anzusetzen. Das Ziel meiner Bemühungen hieß: Skepsis, Kritik und tätige politische Unruhe gegen Beschwichtigungen, Sicherheitsversprechen und Verfassungsbruch zu setzen", formulierte Grass in ‚Über das Selbstverständliche'.
Das hat er getan, seit den sechziger Jahren als Wahlkampfhelfer für die SPD, wodurch er neben seiner Rolle als anerkannter, zuweilen auch heftig kritisierter Schriftsteller zunehmend zu einer Person des öffentlichen Lebens wurde.

Seine Romane ‚Örtlich betäubt' (1969) und ‚Tagebuch einer Schnecke' (1972), später die Romane ‚Kopfgeburten' (1980) und ‚Die Rättin' (1986), auch Gedichte aus dieser Zeit, reflektieren stark sein politisches Engagement, seine Unzufriedenheit mit einer nur an wirtschaftlichen Belangen interessierten Gesellschaft, die notwendige Verantwortung der Intellektuellen und seine Sorge um das Fortbestehen der Menschheit angesichts der vielfältigen Bedrohungen durch Umweltzerstörung und atomare Waffen.

Für Aufruhr sorgte sein Roman ‚Ein weites Feld' (1995), der von der Kritik überwiegend negativ beurteilt wurde. Es handelt sich um einen komplex konstruierten Roman über die Zeit des Mauerfalls, zeitlich raffiniert-spielerisch verschränkt im Protagonisten Theo Wuttke, genannt Fonty, einem Kenner und Bewunderer Theodor Fontanes und der Zeit vor hundert Jahren, in der Fontane lebte.

Gegenspieler von Fonty ist Hoftaller, sein ‚Tagundnachtschatten', ein Spitzel, der als Tallhover hundert Jahre zuvor Fontane observierend auf den Fersen war. Und es geht vor allem um die Wiedervereinigung, zu der sich Günter Grass von Anfang an kritisch geäußert hat. Dies insbesondere haben ihm viele übel genommen, ja Kritik und Häme schlugen regelrecht in Hass um.

„Das hat verletzt", sagt Grass in unserem Gespräch. Der Vorwurf, er habe die DDR nicht genügend als Diktatur gekennzeichnet, zeuge einfach auch von Unkenntnis. „Da wurde auch immer wieder falsch zitiert. Der Fonty sagt zu seiner Frau: ‚Wir leben in einer kommoden Diktatur.' Das ist ein Fontanezitat, der das so an seine Frau in einem Brief geschrieben hat", erzählt Günter Grass. „Und zwar im Hinblick auf den preußischen Polizeistaat, den er nicht mochte, den er ablehnte in dieser Form. Und nachdem er alle Missstände aufgezählt hat, sagt er: „Aber wir können uns beglückwünschen, wir leben in einer kommoden Diktatur. "

Wer Günter Grass den Vorwurf einer Verharmlosung der DDR gemacht hat, hat offenbar seinen bereits einen Tag nach dem Mauerbau am 14. August 1961 an Anna Seghers gerichteten ‚Offenen Brief' nicht gekannt oder nicht zur Kenntnis nehmen wollen. Darin hatte er geschrieben: „Es darf nicht sein, dass Sie, die Sie bis heute vielen Menschen der Begriff aller Auflehnung gegen die Gewalt sind ... die Gewalttätigkeit einer Diktatur verkennen, die sich mit Ihrem Traum von Sozialismus und Kommunismus, den ich nicht träume, aber wie jeden Traum respektiere, notdürftig und dennoch geschickt verkleidet hat ... Heute stehen Alpträume als Panzer an der Leipziger Straße, bedrücken jeden Schlaf und bedrohen Bürger, indem sie Bürger schützen wollen. Heute ist es gefährlich, in Ihrem Staat zu leben, es ist unmöglich, Ihren Staat zu verlassen.".
Grass hat diese Diktatur alles andere als verharmlost, und sicher auch deshalb waren seine Bücher in der DDR

verboten. „Ich habe diese Form des Kommunismus immer abgelehnt und kritisiert", sagt er zu mir. Typisch für seine differenzierte Sehweise ist, dass er jedes Schwarz-Weiß-Denken ablehnt.

„Für mich gibt es Wahrheit nur im Plural", sagt er weiter, „und auch Wirklichkeit. Es gibt nicht *die* Wirklichkeit. Es gibt Wirklichkeiten, unversöhnliche, die weit entfernt voneinander sich entwickelt haben. Wenn sie zusammenstoßen, kommt es bestenfalls zu Wirrnis und zu Möglichkeiten des Staunens."

Kaum jemand hat sich wie Günter Grass so frühzeitig und beharrlich nach dem Mauerfall zur Frage der Wiedervereinigung in Reden und Aufsätzen geäußert. Bewundernd hat er davon gesprochen, „wie sich das Volk der DDR von Tag zu Tag mehr Freiheiten erkämpft und dabei gewaltlos die Bastionen des verhassten Systems schleift, dieser in der deutschen Geschichte einzigartige, weil revolutionäre und dennoch erfolgreiche Vorgang."

Eindringlich warnte er seinerzeit vor einer zu schnellen ‚Wiedervereinigung' und gab zu bedenken: „Lernen wir vielmehr von unseren Landsleuten in der DDR, denen nicht, wie den Bürgern der Bundesrepublik, Freiheit geschenkt wurde, die sich vielmehr gegen den Widerstand des allumfassenden Systems ihre Freiheit erkämpfen mussten; eine drüben erstrittene Leistung, vor der wir hier, umstellt von Reichtum, arm dastehen."

Wie beurteilt Günter Grass heute, vierzehn Jahre nach der Wende, die Situation im wiedervereinigten Deutschland? Mit seiner Antwort zögert er nicht. „Die Prognosen sind von der Wirklichkeit, die uns hier betrifft, noch übertroffen worden!"

Dass ihn das Thema immer noch sehr betroffen macht, ist deutlich zu erkennen, als er zu einem längeren Exkurs anhebt, dabei seine Pfeife nicht neu entzündet wie bisher während unseres Gesprächs, sondern sie auf dem Tisch ablegt und kalt werden lässt.

„Wir werden an diesen Fehlern der Vereinigung, der schnellen Einführung der D-Mark, dem Unternehmen Treuhand, das keiner parlamentarischen Kontrolle unterlag, noch bis in die nächste Generation zu leiden haben. Wir sehen ja, dass das, was man zur Begründung gesagt hat – ‚Wir müssen die D-Mark einführen, damit uns die Leute nicht weglaufen' - dass das einfach nicht eingetroffen ist."

Und er erzählt von seiner Reise nach Greifswald, wo er wieder aktuell feststellen musste, dass ländliche Regionen hin zur polnischen Grenze geradezu entvölkert sind. Selbst die Städte in der ehemaligen DDR haben einen rasanten Bevölkerungsschwund. Von den 18 Millionen Einwohnern vor der Wende seien in den neuen Bundesländern nur noch 16 Millionen übrig geblieben.

„Überall entvölkerte Landstriche, überall leer stehende Häuser. Das ist deprimierend!" Über seine Brillenränder sieht Günter Grass mich mit traurigen Augen an.

„Und dann hat man etwas gemacht, was nicht mehr zu korrigieren ist. Es hat ein Enteignungsprozess stattgefunden. Der Besitz der Produktionsmittel in den neuen Bundesländern ist zu 90 Prozent in den Händen des Westens! Was über die Treuhand in westlichen Besitz gekommen ist, das haben die ja für einen Appel und ein Ei bekommen und es dann später verscherbelt. Die haben ihr Schnäppchen gemacht, und das ist folgenreich."

Günter Grass lehnt sich zurück und greift wieder nach seiner Pfeife. „Aber wir sprechen jetzt nur über die wirtschaftlichen Folgen. Gravierender war, dass von westlicher Seite nicht genügend Respekt vor den Biografien der Menschen vorhanden war und man sich mit einer gewissen Ungeduld angehört hat, was die dort eigentlich zu leiden hatten. 'Macht's wie wir, dann geht's euch besser! Das war so der Wessi-Ratschlag. Wir haben uns nicht die Mühe gemacht, zur Kenntnis zu nehmen, dass wir Deutsche zwar insgesamt 1933 diese Hitlerbewegung hatten (er ist ja korrekt an die Macht gekommen, es

war kein Putsch), wir sind mitverantwortlich für den von uns begonnenen und verbrecherisch geführten Krieg, aber die Hauptlast des verlorenen Krieges haben die Menschen in der DDR tragen müssen. Die haben keine Marshallplanhilfe gehabt, sind ausgebeutet worden von der Sowjetunion bis in die 70er, 80er Jahre hinein. Und das haben wir nicht zur Kenntnis nehmen wollen."
„So sind also Ihre Befürchtungen noch übertroffen worden?" frage ich. „Ja", gibt Grass zur Antwort, „weil auch in den Jahren danach kein deutlicher Wille erkennbar war, das was man an gravierenden Fehlentscheidungen getroffen hatte, zu revidieren. Zum Beispiel war im Grundgesetz in der Präambel im Fall der deutschen Einheit zwingend vorgeschrieben, dass dem Volk eine neue Verfassung gegeben werde. Das ist nicht geschehen. So haben die Menschen in der DDR keine Möglichkeit gehabt, sich selbst mit ihren Erfahrungen in eine neue Verfassung einzubringen. Und das rächt sich."

„Glauben Sie, dass die soziale Schieflage im heutigen Gesamtdeutschland auch durch diese Entwicklung mitbedingt ist?"

„Da kommen viele Dinge zusammen", meint Günter Grass und fährt fort, „wir haben heute ja auch nicht mehr den Typ des Unternehmers wie in der Nachkriegszeit, in der Aufbauzeit in dem damals noch zerstörten Land. Da wurde der Gewinn, der gemacht wurde, sofort wieder investiert. Heute wird das verlagert oder geht ins Ausland. Der mangelnde Investitionswille spielt sicher auch eine große Rolle. Die viel bewunderte deutsche Leistungskraft ist ja nur noch Legende! Eine satt gewordene Gesellschaft haben wir, die lange über ihre Verhältnisse gelebt hat. Das rächt sich heute."

Die Pfeife ist zu Ende geraucht. Günter Grass muss sie neu stopfen, zieht einige Male daran, bevor er fortfährt: „Ich nehme an, ich hoffe es jedenfalls, dass die Gesellschaft dennoch reformfähig ist, dass etwas geschieht beim Föderalismus zu einem notwendigen besseren

Ausgleich zwischen den armen und reicheren Bundesländern."

So sehr er einerseits den Föderalismus befürworte, auch in kulturellen Fragen, so berge dieser anderseits auch ein wenig die Gefahr des Separatismus in sich, dass jeder sein eigenes Süppchen koche. Insofern halte er das Bundeskulturministerium, das Deutschland nach außen geschlossener repräsentieren könne, für eine gute Sache. Viele kulturelle Einrichtungen der Länder, beispielsweise die Akademie der Künste in Berlin, können derzeit ohne Hilfe des Bundes gar nicht existieren. Nur dürfe es natürlich nicht dazu kommen, dass der Staat, nur weil er die Gelder gibt, in das Konzept hereinrede. Endlich sei ja nun auch im Januar 2002 die Bundeskulturstiftung gegründet worden, eine Idee, die von Willy Brandt und ihm vor dreißig Jahren angestoßen wurde. „Nur wurden dabei die Länder, wie es ursprünglich gedacht war, nicht mit einbezogen", bedauert Günter Grass. „Das wäre schon deshalb wichtig gewesen, damit auch nicht der leiseste Verdacht auf Zentralismus aufkommen kann."

Günter Grass, der seine Frankfurter Poetiklesung 1990 unter das Motto ‚Schreiben nach Auschwitz' stellte, hat in seinem gesamten Werk sein poetologisches Credo verwirklicht, dass der Schriftsteller die Vergangenheit nicht ruhen lassen und sich als Zeitgenosse nicht verkapseln dürfe, sondern sich den Wechselfällen der Zeit aussetzen, sich einmischen und Partei ergreifen müsse.
Der Erzähler Günter Grass ist immer auch der moralische Aktivist. In beiden Rollen überzeugt er in Wort und Tat. Dass ihm die Arbeit nicht ausgehen werde, versicherte er am Ende seiner Nobelpreisrede: „Und sogleich wird mir deutlich, wie wenig bisher alle preisgekrönten Verdienste geeignet waren, die Geißel der Menschheit, den Hunger, aus der Welt zu schaffen... Er nimmt sogar zu. Wo Armut wie angestammt war, schlägt sie in Verelendung um. Weltweit sind Flüchtlingsströme unter-

wegs. Hunger begleitet sie. Und kein politischer Wille, gepaart mit wissenschaftlichem Können ist entschlossen, dem wuchernden Elend ein Ende zu setzen... Dieses Thema ist uns geblieben... Davon wird in Zukunft zu erzählen sein. Schließlich muss unser aller Roman fortgesetzt werden."

„Wie kommt man dieser verrückten Welt bei, die dabei ist, sich zugrunde zu richten?" Diese Frage beschäftigte Günter Grass seit Anbeginn.
„Ein Schriftsteller, Kinder, ist jemand, der gegen die verstreichende Zeit schreibt", hatte er im ‚Tagebuch einer Schnecke' formuliert. In seiner Frankfurter Poetik-Lesung und in seiner Nobelpreisrede nahm er diese Definition wieder auf und erweiterte sie: „Eine so akzeptierte Schreibhaltung setzt voraus, dass sich der Autor nicht als abgehoben oder in Zeitlosigkeit verkapselt, sondern als Zeitgenosse sieht, mehr noch, dass er sich

den Wechselfällen verstreichender Zeit aussetzt, sich einmischt und Partei ergreift."

Kritik, auch harsche, blieb Günter Grass nicht erspart. Sein Roman ‚Ein weites Feld' wurde von der Kritik mehrheitlich negativ beurteilt. Berühmt der Verriss durch Marcel Reich-Ranicki. Es wurde ihm der Vorwurf gemacht, er habe darin die DDR nicht genügend als Diktatur gekennzeichnet.

Nach dem autobiografischen Roman „Beim Häuten der Zwiebel" von 2006, in dem er seine Mitgliedschaft in der SS für viele zu spät einräumte, geriet Grass 2012 ein weiteres Mal in heftige Kritik mit seinem israelkritischen Gedicht „Was ich noch sagen wollte".

Weil er darin den Staat Israel und seine Atompolitik kritisierte, wurde ihm, besonders von israelischer Seite, Antisemitismus vorgeworfen. „Zu glauben, dass, wer Israel kritisiert, deshalb ein Antisemit sei, ist gefährlicher Blödsinn", meinte dagegen Fritz Stern, amerikanischer Historiker und Friedenspreisträger des Deutschen Buchhandels, in einem FAZ-Interview zu Grass' Israel-Gedicht. Es war wie schon oft zuvor: Günter Grass polarisierte.

Wenn man Günter Grass besucht, entspricht er nicht unbedingt dem Bild, das man sich gemeinhin von ihm macht: Ein ruhiger, freundlicher, fast altersweiser Mann, der aufmerksam zuhört und pointiert antwortet. Ist das der Mann, der seit Jahrzehnten die Bundesrepublik mit politischen Aussagen provoziert? Der mit dem späten Geständnis, als junger Mann in der SS-Panzer-Division gewesen zu sein, ein weltweites Erdbeben der Entrüstung auslöste? Dem man vorschlug, seine zahlreichen

Preise und Auszeichnungen abzugeben, weil er sich durch sein langes Schweigen moralisch kompromittiert habe?

In der ländlichen Abgeschiedenheit seines Anwesens bei Lübeck scheint der berühmte Schriftsteller, Bildhauer, Maler und Grafiker Günter Grass ein anderer zu sein, da er sich hier dem „Abenteuer der Stille", wie er es einmal nannte, überlassen kann. Doch immer wieder treibt ihn die Frage um: „Wie kommt man dieser verrückten Welt bei, die dabei ist, sich zugrunde zu richten?"

Zum Beispiel mit Humor und mit der Familie. Denn – für viele vielleicht auch überraschend – Günter Grass kann über sich selbst lachen. Er ist nicht nur der strenge Moralist, der ständig über die globalen Gefahren durch Atomenergie, Umweltzerstörung und die immer größer werdende Diskrepanz zwischen reichen und armen Ländern brütet. Obwohl ihn dies natürlich beschäftigt, und er sich Sorgen um die Zukunft der nachwachsenden Generationen macht, die er hautnah kennt. Denn: Zu seinen acht Kindern und 15 Enkeln hält Günter Grass regelmäßigen Kontakt. Sie sind häufig bei ihm und seiner Frau Ute zu Besuch. „Und", so erzählt er, „bei Geburtstagen mache ich zu meiner Familie Spaß und Freude immer noch einen Kopfstand." Doch sich im Angesicht der globalen Probleme ständig auf den Kopf zu stellen, ist natürlich nicht Günter Grass' Sache. Da greift er lieber zu Pinsel oder Stift, um sich bemerkbar zu machen.

Nachruf

Günter Grass ist am 13. April im Alter von 87 Jahren in einem Lübecker Krankenhaus an einer Infektion gestorben. Bei seinem Tod war sich die Welt einig, dass sie einen Jahrhundert-Schriftsteller, einen der letzten großen Epiker und Wortmagier verloren hatte. Weggefährten, bedeutende Persönlichkeiten aus Politik und Kultur sowie das Feuilleton würdigten ihn als einen Großen, einen, den es so nicht mehr geben würde. Günter Grass war der große Einmischer gewesen. Manchmal lag er mit seinen Einschätzungen nicht richtig. Aber stets war er auf der Suche nach Wahrheit.

„Ach stünde die Welt doch Kopf! / Vielleicht fiele ihr was / aus der Tasche. / Der Schlüssel, zum Beispiel, / passend für einen Ausweg."

Das war der andere Günter Grass, nicht wortgewaltig wie in seinen epischen Werken, nicht rauflustig und provozierend wie in seinen öffentlichen Reden. Diese Seite hätte er wohl gerne mehr beachtet gesehen.

Das Günter-Grass-Haus in Lübeck, das viele seiner Kunstwerke - Grass war ja, wie er es verstand, gleichberechtigt auch bildender Künstler - neben Manuskripten in einer Dauerausstellung präsentiert, ehrte Günter Grass in seinem Nachruf mit dem Gedicht „Wegzehrung" aus seinem schönen Aquarell-Gedichte-Band ‚Fundsachen für Nichtleser' aus dem Jahre 1997: „Mit einem Sack Nüsse / will ich begraben sein / und mit neuesten Zähnen. / Wenn es dann kracht, / wo ich liege, / kann vermutet werden: / Er ist das, / immer noch er." Das war die humorvolle Seite an Günter Grass.

Ein anderes Gedicht aus demselben Band kann Rückblick auf sein Leben geben: „Versteinert // und als Fundsache nur / werden wir ziemlich verspätet / Auskunft geben: / über den Fortschritt an sich / und unser Steckenpferd / Nächstenliebe genannt."

„Sein Werk ist ein beeindruckender Spiegel unseres Landes und ein bleibender Teil seines literarischen und künstlerischen Erbes", betonte Bundespräsident Joachim Gauck in einer ersten Stellungnahme zum Tod des Nobelpreisträgers.

Vor dem Tod hat Grass sich nicht gefürchtet, hat er immer wieder in Interviews betont. Auch wenn er es mit dem Zweifel hielt, galt für ihn ebenso das Prinzip Hoffnung, wie er es im Roman ‚Der Butt' formuliert hatte. „Hoffnung schaufelt Geschichte frei. Hoffnung löst die Linie, welche Fortschritt heißt, aus zeitgebundenen Verstrickungen. Sie überlebt. Denn einzig wirklich ist nur die Hoffnung."

Gehofft hat Grass in einem seiner letzten Interviews, dass einige wenige seiner Werke überdauern und Bestand haben würden. Wenn man die Feuilletons, die Stimmen seiner Weggefährten zu seinem Tode hört und liest, muss man daran keinen Zweifel hegen.

„Weltweit sind Flüchtlingsströme unterwegs. Hunger begleitet sie. Und kein politischer Wille, gepaart mit wissenschaftlichem Können ist entschlossen, dem wuchernden Elend ein Ende zu setzen... Dieses Thema ist uns geblieben... Davon wird in Zukunft zu erzählen sein. Schließlich muss unser aller Roman fortgesetzt werden." Dies hatte Günter Grass in seiner Nobelpreisrede 1999 diagnostiziert. Auch im Jahr 2016 sind wir von einer Lösung noch weit entfernt, ist die Lage nicht besser geworden. Bleibt zu hoffen, dass zumindest die Mahner nicht müde werden, ob laut oder leise.

Herta Müller

Herta Müller wurde am 17. August 1953 in Nitzkydorf, im deutschsprachigen rumänischen Banat geboren. Sie studierte Germanistik und Romanistik in Temeswar und arbeitete als Übersetzerin und Deutsch-lehrerin in Rumänien, verlor aber ihren Arbeitsplatz 1979, weil sie sich weigerte, mit dem rumänischen Geheimdienst ‚Securitate' zusammenzuarbeiten. Danach verdiente sie sich ihren Lebensunterhalt als Kindergärtnerin und private Deutschlehrerin. Ihr erstes Buch ‚Niederungen' erschien 1982 in Bukarest, allerdings in einer zensierten Fassung, ebenfalls das folgende ‚Drückender Tango' (1984).
Herta Müllers Romane schildern das bedrückende Leben der deutschen Minderheit im diktatorisch regierten Rumänien in einem lakonischen Stil und in atmosphäri-

scher Dichte. Ihre eigenwilligen Gedichtkompositionen von Text-Bild-Collagen sind von bizarrem Reiz.

Herta Müllers Bücher wurden in mehr als zwanzig Sprachen übersetzt. Sie erhielt für ihr Werk viele renommierte Preise, so 1984 den Aspekte-Literaturpreis, 1987 den Ricarda-Huch-Preis der Stadt Darmstadt, 1994 den Kleist-Preis, 2004 den Literaturpreis der Konrad-Adenauer-Stiftung, 2006 den Walter-Hasenclever-Literaturpreis. Neben vielen weiteren Preisen seien noch hervorgehoben der Literatur Nobelpreis 2009, der Heinrich-Böll-Preis und der Fiedrich-Hölderlin-Preis, beide 2015.

Herta Müller ist Mitglied der Deutschen Akademie für Sprache und Dichtung. Sie hatte Gastprofessuren im In- und Ausland inne.

Seit 1987 lebt die Schriftstellerin Herta Müller, gebürtig im banat-schwäbischen Rumänien, in Deutschland. Sie hat ihre Heimat trotz politischer Verfolgung unter der Diktatur Ceausescus nicht verlassen wollen. Auch als ihr nach ihrem vielbeachteten Debüt „Niederungen" und den darauf folgenden Preisen ab 1984 bereits Auslandsaufenthalte genehmigt wurden, kehrte sie immer wieder zurück nach Rumänien, in das Land, in dem ihre Vorfahren seit 300 Jahren lebten. Sie nutzte nicht die Gelegenheit, um sich davonzustehlen aus einem Staat, in dem sie und ihre Freunde und alle, die sich nicht aus Opportunismus dem Regime anpassten, verhört, gefoltert und auch getötet wurden. „Ich wollte mir von denen, die mir so oft gesagt hatten 'Geh doch in deinen kapitalistischen Sumpf, da gehörst du hin!', nicht meine Menschenwürde nehmen lassen, meine Entscheidungsfreiheit, wenn ich gehen würde, diesen Zeitpunkt selbst zu bestimmen", sagt sie. Erst als das Leben nicht mehr zu ertragen war mit allen Repressalien wie Berufsverbot, Veröffentlichungsverbot, Schikanen, Verhören bis hin zu Morddrohungen, stellte sie 1987 einen Ausreiseantrag und zwar ausdrücklich nicht als Deutsche im Rahmen der Familienzusammenführung, sondern als politisch Verfolgte. Dass die Ankunft im Westen, in einer Demokratie, in der Freiheit ganz anders war, als sie gedacht hatte – davon und von den schweren Jahren davor, erfahre ich viel in dem Gespräch, das ich mit Herta Müller in ihrer Berliner Wohnung führe.

In Friedenau, in einem Klinkerhaus aus der Jahrhundertwende mit farbigen Wandmalereien im Treppenhaus, wohnt Herta Müller zusammen mit ihrem Mann in einer

geräumigen, typischen Berliner Altbauwohnung. Die hellen, hohen Zimmer mit Parkettböden gehen ineinander über. Sie sind minimalistisch eingerichtet. Alle Türen stehen offen. Viel Raum ist da zum Atmen und Bewegen. Herzlich werde ich von der grazilen Schriftstellerin empfangen. Ein Espresso wird zubereitet, bevor wir uns im Arbeitsraum niederlassen, sofort erkenntlich an den Büchern in hohen Aluminiumregalen und an den Wortschnipseln auf einem Tisch, ausgeschnitten aus Zeitungen und Magazinen, aus denen Herta Müller ihre skurrilen Gedichte komponiert. Im Band ‚Im Haarknoten wohnt eine Dame‘, erzählen collagenhaft zusammengefügte Poeme verdichtet von dem, wovon auch Herta Müllers Romane handeln: Angst, Bedrohung, Tod und Fremdsein, Verlust und Einsamkeit.
Übrigens ein in vielerlei Hinsicht einmaliges Werk. Sie habe die Gedichte nicht anders als auf diese Weise ‚schreiben‘ können, sagt sie. Ins Bild gesetzte Risse, Brüche, noch in sich zerstückelte Worte sprechen von

einer Biografie, der alles Selbstverständliche abhanden gekommen ist. Sie erinnern - sicher nicht zufällig - an die bewusst herbeigeführte Anonymität von Flugblättern oder Erpresserbriefen, bei denen weder an der Handschrift noch an den Typen einer Schreibmaschine der Absender erkannt und zurückverfolgt werden kann.

Herta Müller gehörte schon während ihres Studiums zu einem Freundeskreis von Schriftstellern, die sich offen gegen das diktatorische kommunistische Regime stellten. Eine organisierte Widerstandsgruppe wie in einigen anderen totalitären Staaten gab es in Rumänien nicht. So war es für den rumänischen Geheimdienst ‚Securitate' viel leichter, einzelne Widerständige zu bespitzeln, zu verfolgen und auszuschalten.

Seit ihrer Ausreise aus Rumänien wohnt Herta Müller bis auf kurze Zwischenstationen in Hamburg und in Rom als Stipendiatin der Villa Massimo in Berlin. „Ich wollte wieder zurück nach Berlin", erzählt sie mir, „hier hatte ich bei meinen ersten Aufenthalten, als ich noch in

Rumänien lebte, und viermal für jeweils einen Monat in den Westen ausreisen durfte, Bekannte und Freunde gefunden. Berlin war für mich Deutschland."

Ob sie sich in Berlin wohl fühle, frage ich sie. „Ach wissen Sie, ich mache keinen Mythos aus einer Stadt", gibt sie zur Antwort. „Das stört mich eher, dass Berlin seit der Wiedervereinigung zur Kulturstadt, zur Schriftsteller- oder Künstlerstadt hochstilisiert wird. Für mich ist es ein Ort, an den ich gewöhnt bin, in dem ich mich zuerst zurechtfinden gelernt habe."

Andererseits war Berlin für Herta Müller auch problematisch wegen der Mauer, die 1987 ja noch bestand. „Berlin war ja nur der halbe Westen, weil es so stark an den Osten gelehnt war durch die unmittelbare Nähe der Mauer", erzählt sie.

„Und wenn man wie ich mit den Erfahrungen im Kopf hergekommen ist, so war das schon sehr zum Grausen und beängstigend, was man da sehen konnte: die toten

Bahnhöfe, durch die man fuhr, der Todesstreifen, die Hunde und Grenztruppen, die dort patrouillierten."

In ihrem Essayband ‚Hunger und Seide' beschreibt Herta Müller das so: „Berlin war damals eine Stadt, in der die Mauer sich bewegte. Manche Tage stand sie an Straßenenden, wo sie an anderen Tagen nicht stand. Ich war überzeugt: Die Mauer wandert auf den Rücken der Tiere, die auf dem kahlen Streifen Erde hausen. Kaninchen und Krähen, diese Tiere der Erschossenen, machten mir so Angst wie die Gewehrläufe."

Die Todesangst begleitete Herta Müller auch noch nach ihrer Ankunft im Westen. Sie erhielt auch hier Morddrohungen von der ‚Securitate', und sie wusste, dass diese eng mit der Stasi zusammenarbeitete. Von den deutschen Behörden wurde ihr gesagt, dass sie gefährdet sei und man für sie keine Garantien übernehmen könnte, solange sie noch keine deutsche Staatsbürgerschaft hätte.

Bis sie die bekam, sollten noch einenhalb Jahre vergehen. Was sie bei ihrer Einreise in die Bundesrepublik Deutschland erlebte, bezeichnet Herta Müller als „absurd und gespenstisch".

Nur weil sie darauf bestand, als Deutschstämmige *und* politisch Verfolgte Aufnahme zu finden und sich nicht opportunistisch für die leicht zu erreichende Familienzusammenführung entschied - die sie als ‚Menschenhandel' bezeichnet, bei dem sozusagen ein ‚Kopfgeld' bezahlt werde - wurde sie von den deutschen Behörden neuen Schikanen ausgesetzt.

Vom Bundesnachrichtendienst wurden sie und ihr damaliger Ehemann, der Schriftsteller Richard Wagner, mit dem zusammen sie den Ausreiseantrag gestellt hatte, drei Tage lang ‚verhört'. Sie passten nicht in die vorgesehenen Schubladen der Behörden und waren deshalb suspekt. Man hielt ‚ausgiebige Recherchen' für notwendig, über ihre Köpfe hinweg und ohne Möglichkeit, sich selbst dazu zu äußern.

Diese Erfahrung war für Herta Müller äußerst bitter. Die Härte und der Zynismus, mit dem sie behandelt wurden, passten überhaupt nicht in das Bild, das sie sich von einem demokratischen Land gemacht hatte. Es war für sie unfassbar, dass sie hier in der Freiheit erneut in die Mühlen eines Apparates geriet, der verdächtigte, anstatt zu konstatieren, dass sie viel riskiert hatte, um integer zu bleiben.

„Damit habe ich nicht gerechnet", sagt sie, „und ich habe mich gefragt, wo bist du hier eigentlich? Ich dachte, am besten wäre es, den Koffer wieder zu nehmen und wegzutragen - aber wohin?" Das Gefühl, sie sei nicht erwünscht, kränkte sie zutiefst und machte sie vollends zu einer Heimatlosen.

„Moral ist das hart bezahlte Gegenteil von politischem Opportunismus. In der Versachlichung des Lebens auf den Formularen kommt sie nicht vor", schreibt Herta Müller in einem Essay und erläutert im Gespräch ihr Ringen um moralische Integrität: „Ich wollte mein Umfeld verändern. Ich wollte nicht Dinge tun, die ich nicht verantworten konnte."

Und dann ein solcher Schock für diese sensible Frau, die geglaubt hatte, einen sicheren Hafen angesteuert zu haben!

„Ich habe die Welt nicht mehr verstanden", erinnert sie sich an diese Anfangszeit im ‚freien' Teil Deutschlands. „Die ganze Atmosphäre in dem Auffanglager war unerhört. Das war alles nicht sehr schön. Man ist mit den Menschen höchst problematisch umgegangen. Und ich habe häufig gedacht, wie mag es Menschen gehen, die in dieses Land kommen, die nicht einmal die Sprache können. Das will ich mir nicht einmal vorstellen!" Auch dass sich dieses Lager vis-à-vis dem Parteitagsgelände Hitlers befindet, nennt sie einen Skandal.

Man muss Herta Müllers Bücher lesen, ihre Erzählungen und Romane, die neben der Schilderung einer freudlosen Kindheit im banat-schwäbischen Dorf immer wieder neu die Auswirkungen eines totalitären Regimes auf das Leben der Menschen behandeln, so in den Romanen ‚Der Fuchs war damals schon der Jäger'(1992), ‚Herztier'(1994) und ‚Heute wär ich mir lieber nicht begegnet'(1997).

Elementar spürt man darin eine Welt der Gefährdung und Bedrohung. Das Stakkato der kurzen Sätze schmerzt beinahe physisch. Abläufe werden nicht durchgehend erzählt, sie werden zerschnitten, so wie auch häufig die Metaphern ‚schneiden', ‚zerreißen', ‚zerbrechen' auftauchen. Zwischen den Menschen herrschen Misstrauen und Beziehungslosigkeit.

Angst ist das alles beherrschende Grundgefühl, das kein Vertrauen, keine Hoffnung, kein Glück entstehen lässt. Frost, Kälte und Leere, Dunkelheit und Schatten sind keine Symbole. Sie sind real wie der Hunger, wie Verzweiflung und Ausweglosigkeit, die sogar schon für Kinder gelten. „Dann arbeiten auch diese Kinder hier in der Fabrik. Haben nie den Wunsch danach. Sie kommen hierher, weil sie nicht weiter wissen. Sie stoßen...nie auf einen Weg, weil keiner offen ist." Oder: „Ein Winter, in dem die Jungen sich wie Unglück hassen müssen, wenn zwischen ihren Schläfen der Verdacht des Glücks aufkommt. Und dennoch mit den kahlen Augäpfeln ihr Leben suchen."

Herta Müller verlangt viel von ihren Lesern. Was sie erzählt und vor allem, wie sie es tut, lässt keine Distanz zu. Die Brutalitäten des Geheimdienstes, das Misstrauen selbst unter Freunden, der Verrat; der Himmel, der leer ist, und die Donau, die Flüchtende in die Tiefe zieht - all die vielen subtilen Verästelungen des Machtapparates bis hinein ins Allerprivateste bohren sich tief hinein in den Kopf des Lesenden, der nicht unbeteiligt und kühl bleiben kann, dem plötzlich alle scheinbare Sicherheit abhanden kommt.

Herta Müller hat eine Sprache, die einmalig ist in der deutschen Gegenwartsliteratur. Sie ist bedrängend, ja beängstigend, und ihrer Suggestivkraft kann man sich nicht entziehen. Ich kenne niemanden, der so schreibt, der so schreiben kann.

Hunger ist keine Metapher, er kriecht hinein in den Leser, der den Hunger nicht kennt. Der Frost und die Kälte lassen ihn frieren. Und das fehlende Licht beraubt uns auf Sicherheit Bedachten aller Gewissheit. Was wir hier erfahren über die Möglichkeiten von Erniedrigung, Bestrafung, Bedrohung, über „Angst-austeilen" und „Friedhöfe-machen" muss uns erschrecken in unserer oberflächlichen Ruhe, Zufriedenheit und Sicherheit. Dass unsere Sicherheit nur scheinbar ist, hat uns der 11. September 2001 gezeigt. Plötzlich ist Bedrohung auch für uns real geworden.

Worum es in Herta Müllers Büchern geht - um Freiheit, um Wahrheit -, wird nicht mit diesen Vokabeln benannt, die uns viel zu leicht über die Lippen kommen.

Wahrheit wird bei ihr zu einem Kirschkern auf der Zunge. Man kann ihn ausspucken, man kann sich daran verschlucken.

Und die Freiheit ist da, „wo die Donau das Land abschneidet...Manchmal hört man von weitem Schüsse...Nicht lauter, als wäre ein Ast abgebrochen. Nur anders, ganz anders."

Herta Müller entwickelt den Handlungsstrom ihrer Romane in Fragmenten, in Einzelbildern von scharfer Genauigkeit. Risse, Brüche sind hier wie auch in ihren Gedichtcollagen substantielle, ja existentielle Notwendigkeit. Die Teile können aneinandergefügt werden, aber die Brüche werden für die Autorin immer da sein. Festhalten kann sie sich nur an der Genauigkeit im Detail: „Nur wie sich das Blinzeln der Angst summierte, konnte ich sehen: wie unruhig Augen waren, wie Hände zitterten, wie Ohren horchten, weil jeder Gegenstand erschrecken konnte. Wie Füße eilten, wenn es unerwartet knackte, raschelte oder quietschte."
Und weil die Allgegenwart von Unterdrückung und Angst, von Hilflosigkeit und Selbstbetrug, von ohnmächtigem Widerstand und Kollaboration selbst noch Landschaften und Dinge zu durchdringen scheinen, personifiziert Herta Müller diese häufig, schreibt ihnen Eigenschaften und Tätigkeiten zu, die normalerweise nur Personen zustehen.

So schreibt sie über „die stillen Straßen der Macht, wo der Wind, wenn er anstößt, Angst hat" und „Die Schatten haben die Dinge, denen sie gehören, im Stich gelassen." Köpfe gehen und Beine straucheln, als gehörte zu ihnen niemand. „Die Glocke schlägt, dann ist eine Stunde leer und vergangen...Niemand spürt sie am Fluß, der Schlag wird im Wasser leise und wimmert, bis er zu Ende ist", und sogar „die Wohnung erschrickt".

„So zu schreiben", sagt Herta Müller, „war eine Möglichkeit zu überleben. Da musste man sich in leblose Dinge verwandeln, um nicht irr zu weinen, irr zu lachen, nicht irr zu schreien."

Ich fühle mich bei Herta Müllers Büchern, in denen sie die Absurdität des Lebens unter einer Herrschaft der Lüge und Überwachung, der Beschneidung aller natürlichen Rechte beschreibt, erinnert an Albert Camus und seinen ‚Versuch über das Absurde' und ‚Der Mensch in der Revolte', in denen der Widerstand gegen dieses absurde Sein beschrieben ist. Nicht von ungefähr gebraucht

Herta Müller in unserem Gespräch, wenn sie von ihren Erfahrungen erzählt, dieses Wort ABSURD so häufig.

Und Widerstand - hier der konkrete gegen das totalitäre Regime - übte sie nicht nur in Rumänien, indem sie eine Zusammenarbeit mit dem Geheimdienst verweigerte und folglich ihre Anstellung als Übersetzerin in einer Fabrik verlor, sondern ebenso mutig, indem sie in Deutschland offen über die Zustände dort berichtete.

Ich habe das Maul nicht gehalten", sagt sie, „ich habe mich von denen nicht als Schachfigur benutzen lassen, das gehörte zu meiner Menschenwürde. Und deshalb bin ich auch immer wieder zurückgekehrt und habe nicht das zynische Angebot derer, die mich anschließend verhörten, angenommen, doch in den 'kapitalistischen Sumpf' zu gehen. Das war ein Stück meiner Würde zu sagen, ich gehe, wenn ich gehe, wegen einer Diktatur und wegen dieses Systems, das mich nicht leben lässt. Darauf habe ich bestanden."

Auch dass sie schon vor ihrer Emigration reisen durfte, empfand Herta Müller nicht als Privileg. Bei den Verhören nach ihrer jeweiligen Rückkehr beharrte sie vor den

Geheimdienstleuten darauf, dass das Recht zu reisen im Grundgesetz garantiert sei und dass sie ihr dreißig Jahre lang dieses Recht genommen hätten. Und den vielen, vielen anderen, die bei ihrer Flucht getötet wurden. „Sie sind überall gestorben, an den Grenzen rundherum sind sie erschossen worden, von Hunden zerrissen, in der Donau von Schiffsschrauben zermahlen!"

Wenn Herta Müller von solchen Gräueln erzählt, wird ihr Erzählen noch nervöser, noch gehetzter als in der übrigen Zeit. Denn ein Grundtenor von Unruhe, ja Gehetztheit ist immer da. Sie spricht schnell und ohne Pausen. In den hart intonierten, sich aneinander aufreibenden Wörtern, dem hin und her wandernden Blick erkennt man auch jetzt noch die Beschädigungen, die die Tyrannei ihr zugefügt hat.
„Meine Überzeugung ist, dass Literatur insgesamt aus Beschädigungen besteht", sagt sie. Bei Herta Müller haben diese zu einer bedingungslosen Sprache geführt, zu

einem unbeugsamen, wachsamen und mikroskopischen Blick auf Details. Bei ihr bedeuten Wörter wie Gürtel, Fenster, Nuss, Strick, Schere, Tür, Schrank, Koffer, Sack und Haar einen ganzen Kosmos von Zwang, Not, Erstarrung, Tod.

Es ist eine fiebrige Prosa von ungeheurer Dichte, die krankmachende, todbringende Verhältnisse in knappster Form in einem Geflecht aus Erinnerungen, Gedanken und Assoziationen beschreibt. Die sich dieser Anforderung nicht entzieht und damit den Leser hineinnimmt in das grundsätzliche Fragen nach ‚Sein oder Nichtsein'. Und die sich unmissverständlich auf die Seite der Unterdrückten und Verfolgten stellt.

„Dass der Geheimdienst damals an mich herangetreten ist und von mir erwartet hat, dass ich meine Kollegen oder Leute aus dem Ausland bespitzele, das konnte ich überhaupt nicht verstehen", erzählt Herta Müller. „Das war doch unlogisch! Die wussten doch, dass ich zu diesem Freundeskreis gehörte, von dem die meisten schon im Gefängnis gesessen hatten. Was haben die sich von mir versprochen?"

Erst im Nachhinein, als sie Stasiakten gelesen habe, sei ihr klar geworden, dass das gang und gäbe war, die Bespitzelung unter Freunden und sogar nahen Verwandten. „Bei mir sind sie aber auf die Schnauze gefallen", erzählt sie weiter, „das war für mich undenkbar, dass ich einem Menschen in den Rücken falle, den ich nicht kenne und genauso wenig natürlich denen, die ich gut kenne Und dann wurde ich natürlich gefeuert mit vielen Drangsalierungen. Bis aufs Zahnfleisch haben sie mich damals schikaniert!"

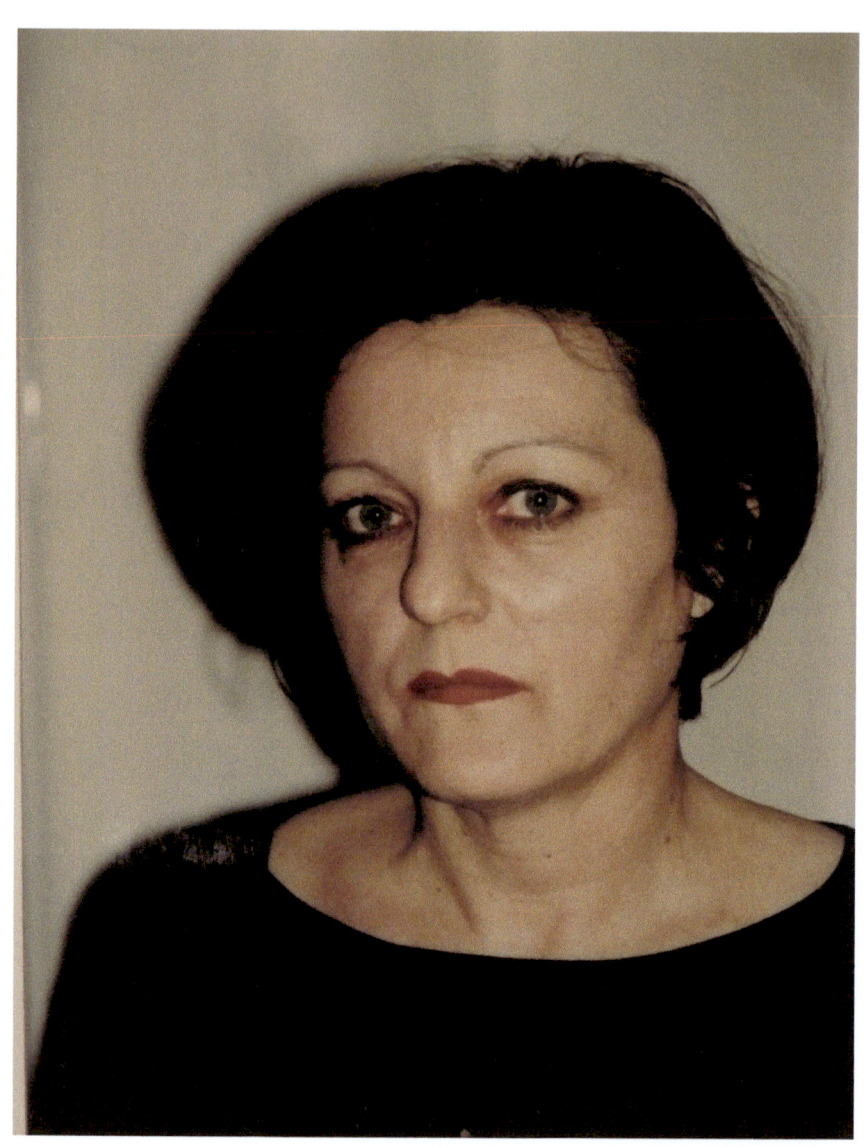

Manchmal lacht Herta Müller an Stellen ihres Berichts, die alles andere als zum Lachen sind. Es ist ein kurzes Lachen, und ihr Kommentar „das war schon sehr komisch" scheint nicht zu passen.

Zu dieser Art Galgenhumor kann man auch den formelhaften Satz zählen *„das macht ja nichts"*, der mehrfach in absurden Kombinationen in ihren Romanen auftaucht. In ‚Herztier' zum Beispiel erzählt der Arzt Paul: „Im Sommer haben sich vier aus dem Fenster gestürzt, macht nichts, macht nichts. Wenn sie nicht springen, sterben sie im Bett."

In solche hintergründige Ironie kleidet Herta Müller oft Szenen, die im Grunde vom Nicht-Erzählbaren handeln: von Verzweiflung und Hilflosigkeit, von Gleichgültigkeit, Abstumpfung und Hoffnungslosigkeit eines immer währenden Schreckens.

In unserem Gespräch sagt sie dazu: „Das was die Freude verhindert, gerade weil sie nicht möglich ist, daraus entsteht ja der Galgenhumor. Er ist zugleich defensiv und offensiv. Weil man weiß, nichtsdestotrotz! Offensiv vielleicht für den eigenen Halt, aber defensiv nach außen hin gegenüber den Umständen, in denen man sich befindet." Und sie fügt hinzu. „Man macht sich ja nichts vor. Man weiß ja Bescheid." Und lacht ein leises Lachen.

Bei dem, was ich Herta Müller nun fragen möchte, bin ich mir nicht sicher, ob sie darauf antworten möchte, nämlich, ob sie gläubig sei. Sie kontert mit einer Gegenfrage: „Was ist gläubig?" Und erzählt dann doch ganz offen über ihre ‚religiöse Entwicklung'.

In ihrer Kindheit hätten der Religionsunterricht, der sonntägliche Gottesdienst, Hochfeste und Maiandachten selbstverständlich zum Dorfleben gehört. Von ihren Eltern sei sie nie dazu gedrängt worden, in die Kirche zu gehen. Sie selbst seien auch nur an den Festtagen dorthin gegangen. Das seien Rituale gewesen, nicht mit Leben gefüllt.

„Aber als Kind habe ich das, was uns im Religionsunterricht beigebracht wurde, sehr ernst genommen. Zum Beispiel dieses 'Gott ist überall' oder 'Gott sieht alles'." Dadurch habe sie sich ständig beobachtet und durch die Nichterfüllung von Geboten schuldig gefühlt.

Später habe sie dann gedacht, dass ‚der liebe Gott' für sie die erste Überwachung gewesen sei, die erste Instanz, der sie nie entsprochen habe. Insofern sei das wie die Vorwegnahme der späteren Zeit gewesen, in der sie auch nicht der Partei, dem Kollektiv, dem Regime entsprochen habe.

„Und dann habe ich mich von Gott getrennt", sagt sie. „Das konnte man ja machen, das war ja eine private Angelegenheit." Und sie fügt ironisch lächelnd hinzu: „Ich hätte mich auch gern von dem Regime getrennt, aber dafür musste mich das Regime erst ziehen lassen."

Als sie vom Dorf in die Stadt kam und aufs Gymnasium ging, habe sie gedacht, nun solle sie ‚der liebe Gott' mal in Ruhe lassen - sie sei jetzt nicht mehr so brav - und sich um andere kümmern. Er sei schließlich, als sie ihn gebraucht hätte, nie da gewesen. Dass sich in ihr ein Glauben nie hat verfestigen oder entwickeln können, mag auch damit zusammenhängen, dass - wie sie erzählt - zwischen dem Glauben und der Person des Pfarrers eine große Diskrepanz war. „Wir hatten immer so komische Pfarrer, die eigentlich eher ein Gespött waren im Dorf. Das hat bestimmt eine große Rolle gespielt, dass der Vertreter Gottes auf Erden nicht besonders ernst genommen wurde."

In einem Essay über die Fragwürdigkeit von Utopien schreibt Herta Müller: „Der Glaube an Gott ist die erste Utopie, vor der ich versagt habe. Und die zweite ist die Utopie vom Glück des Volkes in einer hellen Zukunft."
Für sie hat sich dieser Begriff diskreditiert. Von Utopien zu reden, sie sich herbeizuwünschen kann sich nur leisten, wer „keine Beschädigung abgekriegt hat". Denn: „Utopien sind Träume...Und wenn eine Handvoll träumt, beginnen ein paar Millionen zu zittern."
Herta Müller hat die angewandte Utopie der sozialistischen Diktatur schmerzlich erlebt, in der ein Paradies auf Erden versprochen wurde.
„Das Ziel veränderte sich nie und seine Entfernung von uns auch nicht: Das Glück war nah und noch nicht erreicht. Zum Greifen nah war das Glück, aber davor stand lückenlos nur Unglück."

Deshalb ist für Herta Müller nicht von Bedeutung, was gewünscht, gehofft und versprochen wird, sondern ein Leben in kleinen Schritten, ein Festhalten an kleinen Gesten, nur im Jetzt. Und das Jetzt ist für Herta Müller ein zerbrechliches Etwas.

In ihrer Rede zur Verleihung des Kleist-Preises 1994 sagte sie: „Es gibt für das, was das Leben ausmacht, keinen Durchblick. Nur gebrechliche Einrichtungen des Augenblicks."

Aus Herta Müllers Büchern kann man, wenn man sich ihrer komprimierten Prosa, ihren eigenständigen Bildern anvertraut, lernen: dass wir uns nicht hinwegmogeln können über die Paradoxität des so genannten Normalen; dass wir nicht gedankenlos über das reden dürfen, was wir nicht selbst von innen heraus kennen; dass wir nicht Schlimmes rückblickend verharmlosen dürfen, dass wir die Reise um die Welt machen *müssen* und sehen, ob da, wo vorne das Paradies verriegelt ist, es hinten irgendwo offen ist, wie Kleist sagt.

Herta Müller erzählt mir mit sehr leiser, trauriger Stimme, wie sie viele Menschen habe zerbrechen sehen. Ihre Worte kommen einzeln, stockend, als sie noch einmal von den Beschädigungen spricht, die Menschen haben erfahren müssen: „Beschädigungen entstehen nicht nur in Diktaturen. Jede Gesellschaft ist in der Lage, Beschädigungen anzurichten. Im Grunde kann jede Situation einen Menschen beschädigen, in ein Schlingern bringen, dem er nicht mehr gewachsen ist. Dafür gibt es ja auch kein objektives Maß, was einer aushält und was nicht. Und was man nicht aushält, merkt man erst, wenn es so ist. Das Zerbrechen ist immer erst zu merken, wenn es da ist."

Wir beenden zwei Stunden eines intensiven Gesprächs. In eins der zum Signieren von mir mitgebrachten Bücher schreibt Herta Müller, gleichsam als Fazit: „Von der gebrechlichen Einrichtung der Welt ist wohl nicht wegzukommen."

Aber ich nehme noch etwas anderes mit, ein Wort, das ich noch nie zuvor gehört habe, das Wort ‚überendlich'. Wir haben auch darüber gesprochen, das heißt eigentlich nicht gesprochen, weil, wie Herta Müller mir sagt, sie es nicht durch ein anderes ersetzen, erklären oder interpretieren könne und wolle.

„Ich spürte", heißt es im Roman ‚Herztier', „was überendlich für Menschen bedeuten konnte." Und auf dem Friedhof am Grab eines Freundes, der sich aus dem Fenster gestürzt hatte, sagt die Ich-Erzählerin: „Ich wusste nicht, wie das Wort überendlich hierher auf den Friedhof kam. Aber ich wusste an diesem Grab, was es immer schon bedeutet haben musste."

Wer es erfahren möchte, sollte Herta Müllers Bücher lesen.

Nach unserem Gespräch

Im Jahre 2009 zeichnete das Nobelpreiskomitee Herta Müller mit dem Literaturnobelpreis aus für ihr sprachlich überzeugendes Werk, das „mittels der Verdichtung der Poesie und Sachlichkeit der Prosa Landschaften der Heimatlosigkeit" zeichnet.
Am Tag der Bekanntgabe konnte die scheue Autorin noch gar nicht fassen, was da geschehen war. „Ich kann noch gar nicht darüber reden, es ist irgendwie noch zu früh", bat Müller auf der Pressekonferenz in Berlin um Verständnis.
Insgesamt war die Überraschung über die Preisvergabe an eine manchen nicht einmal bekannte Autorin groß. Umso überzeugender war die Wahl, diese unerschrockene Autorin mit der scharfen Genauigkeit ihrer so emo-

tional aufwühlenden Prosa mit dem Nobelpreis für Literatur auszuzeichnen.

Herta Müller hat sich bis in die jüngste Zeit heftig dagegen gewehrt, die Abscheulichkeiten in Diktaturen zu verharmlosen, die in ihrer Heimat Rumänien, aber auch die in der ehemaligen DDR und anderen diktatorischen Ländern. Intellektuelle Feigheit ist ihr auf Grund ihrer eigenen Biografie ein Gräuel.

In ihrem ersten Band mit collagenhaft zusammengefügten Poemen „Im Haarknoten wohnt eine Dame" (2000) erzählte die Nobelpreisträgerin Herta Müller verdichtet von dem, wovon auch ihre Romane handeln: Angst, Bedrohung, Tod und Fremdsein, Verlust und Einsamkeit. Ein in vielerlei Hinsicht einmaliges Werk, dem sie einen weiteren Collageband hat folgen lassen. Sie habe die Gedichte nicht anders als auf diese Weise „schreiben" können, hatte Herta Müller in unserem Gespräch erklärt.

Der neue Gedichtband trägt den Titel „Vater telefoniert mit den Fliegen" (2012). Wieder handelt es sich um ein für die Sinne in mehrfacher Hinsicht inspirierendes Werk. Neben den vielfarbig und in unterschiedlichsten Schriftgrößen und -typen gestalteten Wörtern gibt es zu jedem Text ein meist surreal anmutendes Bild, das wie die Wörter aus Zeitungsbildern zusammengeklebt und verfremdet ist.

Es ist ihre erste Veröffentlichung seit der Verleihung des Nobelpreises im Jahre 2009 und dem Erscheinen des fulminanten Romans „Atemschaukel" (2009) über das Leben ihres Freundes Oskar Pastior. Als ein Jahr später herauskam, dass Pastior für den rumänischen Geheimdienst gearbeitet hatte, geriet auch die Nobelpreisträgerin in Erklärungsnot. Vielleicht hat Herta Müller auch aus diesem Grunde sich lieber dem Spiel mit den Wörtern überlassen, als einen neuen Roman zu schreiben.

Bei ihren neuen Gedichten kann sie es sich zum ersten Mal auch gestatten, im Ernst Skurriles und manchmal sogar Lustiges durchschimmern zu lassen. Doch so leicht die geklebten Verse und Miniaturprosastücke auch daherkommen, man über ungewohnte Wortkombinationen schmunzeln kann, unterschwellig ist doch immer ein Lebensernst herauszuhören, der der Dichterin Herta Müller wohl nie abhanden kommen wird.

„Milch ist der Zwilling von/ Teer in Weiß oder/ Schwarz kann man lügen/ Mutter schiebt ein Bonbon/ im Mund hin und her/ Vater telefoniert mit den/ Fliegen."

„Das Leben ist kein/ Rätsel sagt der Busfahrer/ sondern eine Schachtel/ mit einer Zirkustaube drin/ schade dass/ ich mir/ sicher bin." Oder: „Als ich vom Verhör kam/ war ich niemandes Kind mehr/ und mit mir nicht mehr verwandt/ am Straßenrand liefen die Möbel/ der Bäume nur wo kam/ der Wind her."

Da kann ein Gedicht wie dieses aus ihrem neuen Band fast schon so etwas wie Trost sein: „Draußen/ an den leeren Fahnenstangen/ hört man zum Glück/ nicht mehr die Eisenringe/ singen, vielleicht trauen sich jetzt/ die Kraniche zurück."

Ich bewundere Ihre Art, wie Sie einen Autor bzw. eine Autorin in der Beschreibung erfassen und lebendig machen. Vor allem in ihren eigenen Texten lassen Sie sie zu Wort kommen. Und wie gut, dass Sie Ihre persönlichen Begegnungen und Gespräche einbringen können. Ich staune, wie bereitwillig, wie intensiv und engagiert der große Nobelpreisträger mit Ihnen gesprochen hat – und wie genau und zuverlässig Sie es wiedergeben.

Hans Bender (1919-2015) Schriftsteller und Herausgeber namhafter Anthologien. Er gründete gemeinsam mit Walter Höllerer 1954 die Literaturzeitschrift „Akzente" und war deren Mitherausgeber.

© *Ilka Scheidgen*

Ilka Scheidgen schreibt Lyrik, Romane, Erzählungen, Essays, Rezensionen und Autorenporträts. Sie hat sich als Schriftstellerin und Publizistin in vielfacher Weise einen Namen gemacht.

Homepage der Autorin: www.ilka-scheidgen.de